www.ingramcontent.com/pod-product-compliance
Lightning Source LLC
LaVergne TN
LVHW020451070526
838199LV00063B/4911
9789358720747

نوائے پاسٹرناک

(سوویت روس کے نوبل انعام یافتہ ادیب
بورس پاسٹرناک کی آپ بیتی کا اردو ترجمہ)

مصنفہ:

ڈاکٹر رضیہ اکبر

© Dr. Razia Akbar

Nawa-e-Pasternak *(Biography)*
by: Dr. Razia Akbar
Edition: April '2024
Publisher :
Taemeer Publications LLC (Michigan, USA / Hyderabad, India)

ISBN 978-93-5872-074-7
9 789358 720747

مصنف یا ناشر کی پیشگی اجازت کے بغیر اس کتاب کا کوئی بھی حصہ کسی بھی شکل میں بشمول ویب سائٹ پر اَپ لوڈنگ کے لیے استعمال نہ کیا جائے۔ نیز اس کتاب پر کسی بھی قسم کے تنازع کو نمٹانے کا اختیار صرف حیدرآباد (تلنگانہ) کی عدلیہ کو ہوگا۔

© ڈاکٹر رضیہ اکبر

کتاب	:	**نوائے پاسٹرناک** (سوانح)
مصنف	:	**ڈاکٹر رضیہ اکبر**
صنف	:	سوانح (ترجمہ)
ناشر	:	تعمیر پبلی کیشنز (حیدرآباد، انڈیا)
سالِ اشاعت	:	۲۰۲۴ء
صفحات	:	۱۱۰
سرورق ڈیزائن	:	تعمیر ویب ڈیزائن

نوائے پاسٹرناک (سوانح) 5 ڈاکٹر رضیہ اکبر

ترتیب

صفحہ

بورس پاسٹرناک ــ سوانحی خاکہ ــــــــ ۱

پہلا باب ــــ بچپن ــــــــ ۲

دوسرا باب ــــ سیریا بن ــــــــ ۱۲

تیسرا باب ــــ ۱۹۰۰ء ــــــــ ۲۸

چوتھا باب ــــ پہلی جنگ عظیم ــــــــ ۵۶

پانچواں باب ــــ تین پرچھائیں ــــــــ ۸۷

ڈاکٹر رضیہ اکبر ــ سوانحی خاکہ ــــــــ ۱۰۲

انتساب

مادرِ جامعہ کے نام

رضیہ اکبر

بورِس پاسٹرناک

مشہور پینٹر لیونِد پاسٹرناک اور پیانو آرٹسٹ روزا پاسٹرناک کا بیٹا، ماسکو میں پیدا ہوا، بچپن ماسکو میں گزرا۔ ۱۹۰۳ء میں اپنے دَور کے مشہور کمپوزر سیریابن سے مِلا اور اس کی شخصیت سے بہت متاثر ہوا۔ ۱۹۰۶ء میں برلن (جرمنی) کا سفر کیا۔ ایک سال تک برلن میں رہا۔ ۱۹۰۹ء میں سیریابن کے مشورے سے قانون چھوڑ کر فلسفے میں اعلیٰ تعلیم حاصل کی۔ ۱۲-۱۹۱۰ء میں ماسکو کی ایک ادبی محفل SARDADA اور MUSAGET رائٹرس گروپ سے وابستہ رہا۔ ۱۹۱۲ء کا موسمِ گرما ماربرگ یونیورسٹی میں گزارا۔ اسی زمانے میں پہلی مرتبہ کسی بُتِ صار کے عشق میں گرفتار ہوا۔ فلسفہ چھوڑ کر شاعری اختیار کی۔ وینس اور فلارنس کی سیر و سیاحت میں کچھ وقت گزارا۔ ۱۹۱۳ء میں ماسکو یونیورسٹی سے گریجویٹ کی تکمیل کی۔ ۱۹۱۴ء میں میکاؤسکی سے مِلا۔ اسی سال کے موسم خزاں میں دشاعری کا پہلا مجموعہ —— "THE TWIN IN THE CLOUDS" شایع ہوا۔ ۱۶-۱۹۱۴ء تک ماسکو کے ایک مینوفیکچرر کے لڑکے کا اتالیق رہا۔ ۱۹۱۵ء میں روسی فیوچرزم کے بانی جلنیکوف سے ملاقات ہوئی۔ ۱۷-۱۹۱۵ء میں دو سال تک یورال کی ایک فیکٹری میں کام کیا۔ ۱۹۱۷ء میں ماسکو لوٹا۔ اسی سال دوسرا شعری مجموعہ

شایع ہوا۔ ۱۹-۱۹۱۸ء کا زمانہ شدید بمباری میں گزرا۔ ۱۹۲۱ء الگزنڈر بلوک سے ماسکو میں ملا، کچھ مدت تک ماسکو کی ایک بک شاپ میں سیلزمین کی حیثیت سے کام کرتا رہا۔ ۱۹۲۲ء میں شادی کی اور بیوی کے ساتھ برلن گیا۔ ۱۹۲۳ء میں ایک بچے کا باپ بنا۔

۳۶-۱۹۲۷ء کے دوران میں اس کی شاعری کا بہت شہرہ ہوا۔ اور پورے رُوس کا وہ ایک محبوب شاعر بن گیا۔

اس دوران میں اس کے متعدد شعری مجموعوں کے کئی کئی ایڈیشن نکلے۔ ۱۹۳۰ء کے اوایل میں، ازدواجی زندگی میں تلخی پیدا ہوئی۔ بیوی کو طلاق دے دی اور دوسری شادی کی۔ ۱۹۳۵ء میں ادیبوں کی پہلی اینٹی فاشست کانفرنس میں شرکت کے لئے پیرس گیا۔ ۱۹۳۷ء میں تکھاچہ وسکی TUKHA-CHERSKY کے قتل کے ڈاکومنٹ پر دستخط کرنے سے انکار کیا۔ ۱۹۵۶ء میں "ڈاکٹر زدیگو" کا مسودہ MARY MIN کے ایڈیٹوریل بورڈ کو دیا جس نے اس ناول کو چھاپنے سے انکار کر دیا۔ بعد میں یہ ناول اٹلی سے چھپا۔ جس پر نوبل انعام ملا لیکن پاسٹرناک نے نوبل انعام قبول نہیں کیا۔!

پہلا باب

بچپن

پُرانی جنتری کے حساب سے وہ ۲۹ رجنوری ۱۸۹۰ء کا دن تھا جب میں نے ماسکو کے ایک محلہ اَوزُرد زیفنی میں درسگاہ کے مقابل لیئزن گھرانے میں جنم لیا۔

ڈھیروں پتوں سے ڈھکے بھیگے بھیگے راستے، تالاب، کنجے، مصنوعی پہاڑیاں مدرسہ کا رنگین کٹہرا، چھٹی کے وقت طالب علموں کا پُرشور کھیل، لڑائی، جھگڑے موسم سرما میں دائیہ کے ساتھ پارک میں چہل قدمی..... زمانۂ طفلی کی یہ کچھ یادیں حیرت انگیز طور پر میرے ذہن میں تازہ ہیں۔

درسگاہ کے مقابل ایک دو منزلہ سنگین عمارت تھی جس کے احاطے میں کوچوانوں کے گھر تھے اور وہیں احاطے کے بڑے محرابی پھاٹک پر ہمارا فلیٹ تھا۔

....

ابتدائی بچپن کے میرے تاثرات میں ایک عجیب خوف و مسرت کی آمیزش ہے اور وہ ہمیشہ پریوں کی کہانی جیسے رنگوں میں دو مرکزی شکلوں کو میرے تصور

۱؎ یعنی ۱۰ر فروری ۱۸۹۰ء

۲؎ اس زمانے میں روس میں کافی بڑی عمر تک بچوں کے ساتھ دایا کیں یا اتالیقیں رکھنے کا رواج عام تھا جب وہ بچوں کو پارک میں ٹہلانے لے جاتیں تو بڑے اہتمام کے ساتھ خوب بن سنور کر قومی لباس میں جاتی تھیں۔

میں اُبھارتے ہیں جو اس وقت میری دنیا پہ حکومت کرتی تھیں اور اسے ایک وحدت بناتی تھیں .... ایک تو وہ گالا بھرے ریچھ جو ہر دم احاطے میں رہنے والے کوچوانوں کے دریچوں سے جھانکا کرتے اور دوسرے ایک مہربان، خمیدہ قامت، قوی ہیکل انسان کا چہرہ ..... ایک عجیب سی گہری نڈھال آواز کا مالک (یہ کونچا لاؤسکی تھا) اور اس کے ساتھ اس کا خاندان، اس کا فلیٹ اور اس کی دیواروں پہ لٹکی ہوئی متعدد تصویریں (SEREV) سروف، (VERBEL) وَربِل، (VASENTOV) واسنتوف اور میرے باپ کے پنسل، پانی، قلم اور سیاہی سے بنائے ہوئے خاکے ....!

ہمارا قرب و جوار بڑا گندا اور ذلیل تھا... گاڑیوں کے اڈے، جانوروں کے بازار قحبہ خانے، گندگی اور کھٹملوں کا مسکن .... یہ ہمارا گردو پیش تھا... ہم بچوں پہ ہر وقت ایک بندش، یہاں نہ جاؤ، وہاں نہ بیٹھو، یہ نہ کرو، وہ نہ سنو، لیکن کبھی کبھی جب انائیں اور کھلائیاں خود اس علٰحدگی اور اکیلے پن سے تنگ آجاتیں تو ہم کو بھی ہر قسم کی صحبت کا موقع مل جاتا...... اور دوپہر میں زنامسکی (ZAN-AMESKY) بیرکوں کے پریڈ گراونڈ پہ سوار پولیس ڈرل کیا کرتی ... بھیک منگوں، ہر طرح کے مسافروں اور زائرین کے ساتھ اسی بچپن کے میل جول ہر طرف سے ٹھکرائی ہوئی بیسواؤں کی دنیا سے قرب اور ان کے رنج والم، ذلت و رسوائی کی درد ناک اداس داستانوں کا غالباً اثر تھا کہ زندگی کی اس پہلی ہی منزل پر میرے دل میں عورتوں کے لیئے ایک عجیب خوفناک ناقابلِ برداشت احساس ترحم پیدا ہوگیا جو زندگی بھر مجھ سے چمٹا رہا اور اس سے بھی زیادہ اضطراب آمیز، خود اپنے والدین کے لیئے ایک شدید جذبۂ رحم، جو ایسا لگتا مجھ سے پہلے مرجائیں گے اور جن کو اپنے کسی غیر معمولی درخشاں عملی نیک کام کے ذریعہ دوزخ کی آگ سے بچانا گویا میرا فرض تھا۔

....

جب ہم آرٹس[1] کالج کے سرکاری کوارٹرس میں منتقل ہوئے میں ابھی بہت کم سن تھا۔ یہ کالج میاسنٹسکایا (MYOSNITSKAYA)[2] میں صدر ٹپہ خانہ کے سامنے تھا اور ہمارا فلیٹ اصل عمارت سے الگ آنگن کے اس پار ملحقہ حصہ میں تھا۔

یہ ایک بہت پرانی اور خوبصورت عمارت تھی اور کئی لحاظ سے غیر معمولی اہمیت کی حامل تھی۔

۱۸۱۲ء[3] کی آتشزدگی سے نہ جانے وہ کیسے بچ رہی تھی ... ہم سے ایک صدی پہلے ملکۂ کیتھرائن کے زمانے میں وہ فری میسنوں کی پوشیدہ پناہ گاہ بھی رہ چکی تھی۔ یہیں میاسنٹسکایا اور یوشکوف گلی کے موڑ پر ایک ستونوں والی نیم دائرہ نُما بالکونی تھی جس کا ایک حصہ پیچھے کی طرف ایک زاویہ سا بناتا ہوا کالج کے بڑے ایوان تک چلا گیا تھا۔ یہاں سے میاسنٹسکایا سڑک ریلوے اسٹیشن تک جاتی ہوئی دور تک صاف دکھائی دیتی تھی۔ اسی بالکونی سے ۱۸۹۴ء میں اس عمارت کے باسیوں نے شاہ الگزینڈر سوم کے جنازے کا جلوس دیکھا تھا اور اس کے دو ہی سال بعد نکولاس ثانی کے جشن تاجپوشی کی چہل پہل کا بھی نظارہ کیا تھا۔

یہیں اُس روز، طالب علموں اور پروفیسروں کے بیچ، جنگلے کے قریب میری ماں مجھے اپنے بازوؤں میں اونچا اٹھائے کھڑی تھی .... بالکونی کے نیچے سامنے سفید رنگیلی سڑک اکیلی پڑی تھی جیسے سانس روکے کسی کی منتظر تھی۔ منتظمین اور افسر تیزی سے

---

[1] یہ پہلے پینٹنگ کا ایک چھوٹا سا اسکول تھا جس کی اولاً ایک "آرٹ گروپ" کی حیثیت سے ۱۸۳۲ء میں بنیاد پڑی تھی ۱۸۴۳ء میں وہ باقاعدہ کالج بنا۔ اور ۱۸۶۳ء میں امپیریل کالج آف آرکیٹکچر سے اس کا الحاق ہوا۔
[2] یہ ایک بہت کشادہ محلہ تھا جہاں زیادہ تر خوشحال لوگوں کے ذاتی مکان تھے۔
[3] ماسکو میں نپولین کے حملے کے وقت جو آگ لگی تھی۔

اِدھر اُدھر بھاگ دوڑ رہے تھے اور جلدی جلدی احکامات نافذ کر رہے تھے مگر ان کی آوازیں بالکونی کے تماشائیوں تک نہیں پہونچ رہی تھیں گویا نیچے ہزاروں، دم روکے انسانوں کا ہجوم ان ساری آوازوں کو وہیں اپنے میں جذب کئے لے رہا تھا جیسے ریت پانی پی جاتی ہے۔

بالآخر آہستہ آہستہ ماتمی گھنٹوں کی آواز فضا میں گونجی، کہیں دور فاصلہ سے ایک موج سی اٹھی اور آگے کی طرف بہتی چلی گئی، ہاتھوں کے بے کنار سمندر میں ایک جنبش ہوئی اور ایک ساتھ لاکھوں سروں کو برہنہ کرتی اور صلیب کا نشان بناتی ٹھہر گئی۔ ہر سمت سے ماتمی گھنٹوں کے دلگداز شور میں بے پایاں جلوس بڑھتا گیا..... فوجی افسر سپاہی، پادری سیاہ کلغیوں سے آراستہ گھوڑے.... ایک ناقابل تصور جاہ و جلال کا منظر... اور ماضی کے عجیب وغریب لباس میں ملبوس شاہی نقیب..... آگے اور آگے بڑھتے ہی جاتے۔ تھے۔ خاموش کمانوں اور سنسان دریچوں کے قریب سے گذرتے — ماتمی جھنڈے سرنگوں تھے۔

جاہ وحشمت کی اسپرٹ کو اس کالج سے الگ کرنا بہت مشکل تھا جسے وزارت شاہی کی سرپرستی حاصل تھی۔

باوقار نواب سرجی الگزینڈرروچ اس کے مربی تھے اور کالج کی محفلوں، جلسو نمائشوں، سب میں وہ ہمیشہ بذاتِ خود شریک رہتے۔ یہ نواب صاحب عجیب دبلے سوکھے، ٹمنگڑے سے بالکل بید مجنوں جیسے دکھائی دیتے تھے۔ کالٹ سین اور یوکونیکوف کے خیر مقدمی جلسوں میں میرے باپ اور سیروف نے اپنی ڈرائینگ کاپیوں پر ٹوپیوں کی آڑ میں ان کے کتنے ہی مضحکہ خیز خاکے اور کارٹون بنائے تھے۔

....

قدآور پرانے درختوں سے گھرے ہوئے چھوٹے باغ کی چوکھڑکی کے سامنے کا ملحقہ حصہ جہاں ہم تھے احاطہ کے سائبانوں اور دفتروں سے کافی بلند تھا وہیں نیچے تہہ خانوں میں طالب علموں کو دوپہر کا کھانا مہیا کیا جاتا تھا اور باورچی خانے سے سموسوں، کچوریوں اور کٹلٹس کی بو مستقلاً زینہ پر منڈلایا کرتی .... ہمارا فلیٹ پہلی منزل پر تھا اور اس کے اوپر دوسرے فلیٹ میں کالج کا منشی رہتا تھا۔

نصف صدی بعد ان ۔ ایس راڈیونوف کی ایک حالیہ سوویٹ کتاب میں ۱۸۹۴ء کے عنوان کے تحت صفحہ ۱۲۵ پر میری نظر سے یہ عبارت گذری۔

" ماسکو ٹالسٹائی کے زمانے میں اور اس کی کتابوں میں ... ۲۳ نومبر کو ٹالسٹائی نے اپنی لڑکیوں کے ساتھ اس کانسرٹ میں شرکت کی جو آرٹس کالج کے ڈائرکٹر مصور لیونڈ پوسٹر ناک کے مکان میں ترتیب دیا گیا تھا۔ اس محفل کے سنگیت کاروں میں مسز پاسٹر ناک، برانڈوکوف اور گیرری مالڈی وائلن اِسٹ قابل ذکر ہیں۔ مؤخر الذکر دونوں کالج کے پروفیسر تھے۔

یہ بیان بالکل درست ہے سوائے اس ایک چھوٹی سی غلطی کے کہ میرا باپ لیونڈ پاسٹر ناک کالج کا ڈائرکٹر نہیں تھا جیسا کہ واڈیونوف نے لکھا ہے۔ یہ اعزاز اسوقت شاہزادہ لوووف کو حاصل تھا۔

۲۳ نومبر ۱۸۹۴ء کی وہ رات آج بھی میرے حافظے پر نقش ہے .... مجھے شاید سرِشام ہی سلا دیا گیا تھا لیکن رات گئے دفعتاً ایک عجیب بے چین کن شیریں احساسِ کرب نے مجھے جگا دیا..... وہ بڑا انوکھا درد آمیز لطیف احساس تھا جس کا مجھے پہلے کبھی ایسا تجربہ نہیں ہوا تھا.... ایک بے نام خوف واضطراب سے میں بے اختیار رونے چلّانے لگا لیکن ساز اور موسیقی کی لہروں میں شاید

کسی نے میری چیخیں نہیں سنیں، جب سنگیت کی لہریں تھمیں تب درمیانی پردہ جو کمرے کو دو حصوں میں تقسیم کرتا تھا اٹھا اور میری ماں دوڑتی ہوئی اندر آئی۔ اس نے مجھے جلد ہی خاموش کر دیا۔۔۔۔ شاید وہ مجھے اپنے ساتھ دیوان خانے میں لے گئی یا شاید میں نے وہیں سے دیکھا کمرے کی پوری فضا سگریٹ کے دھوئیں سے اٹی ہوئی تھی، شمعیں ایسی جھلملا رہی تھیں جیسے دھواں ان کی آنکھوں میں چبھ رہا ہو، ستار اور وائلن کی سیاہی مائل سرخ وارنش ان کی دھندلائی ہوئی روشنی میں بھی چمک رہی تھی اور ایک کونے میں سیاہ رنگ پیانو ایسا نظر آرہا تھا جیسے تہہ بہ تہہ سیاہ بادلوں میں لپٹا ہو۔۔۔۔۔ مرد سیاہ فراک کوٹ پہنے تھے اور عورتیں اپنی بے آستین فراکوں میں کھلی بانہوں کے ساتھ جھکی جھکی یوں دکھائی دے رہی تھیں جیسے پھولوں کی ٹوکری سے لمبی لمبی ڈالیاں لٹک رہی ہوں۔ اور دھوئیں کے مرغولوں جیسے دو تین سفید گھنگھریالے بالوں والے سر باہم سرگوشیاں سی کرتے۔۔۔۔ ان میں سے ایک تو پینٹر گوئے تھا جس سے بعد میں اکثر میری ملاقاتیں رہیں اور دوسری "شکل"! جیسے اور بہتوں کے ذہن میں ہوگی، زندگی بھر میرے ذہن کے پردے پر نمایاں رہی۔۔۔۔ میرے ذہن میں بطور خاص شاید اس لیے کہ میرا باپ اس کی کہانیوں اور ناولوں کی "تمثیلیں" بنایا کرتا تھا، اکثر اس سے ملتا تھا، اس کی بے انتہا عزت کرتا تھا اور جو سچ پوچھئے تو ہمارے پورے گھر میں جیسے اس کی روح سرایت کئے ہوئے تھی۔۔۔ یہ نکولیا وچ ٹالسٹائے تھا۔

تو پھر میں اس بری طرح کیوں رویا؟ اور اپنا وہ انوکھا اضطراب، وہ لطیف کرب! آج بھی مجھے اتنی اچھی طرح کیوں یاد ہے؟

پیانو کی آواز میرے لیے کوئی نئی چیز نہ تھی، میں اس کا عادی تھا۔ میری

ماں بہت اچھا پیانو بجاتی تھی۔ مگر وہ تاروں کے بول! .... خاص طور پہ سرودِ خلوت کے ساتھ آمیز.... وہ میرے لیئے بالکل اجنبی تھے اور کچھ اتنے شورش انگیز اور خلل انداز جیسے باہر گلی سے کھڑکی کے راستے آنے والی جیتی جاگتی آوازیں.... جیسے کوئی مبتلائے آفت نصیب کا مارا باہر سے مدد کے لئے چلّا رہا ہو..... میں سمجھتا ہوں وہ دو زندگیوں کی موت، دو فاقوں کا موسم خزاں تھا.... اینٹن[1] ریوبنسٹائن اور چیکاؤسکی اور وہ راگ، غالباً چیکاؤسکی کا "سہ راگیہ" تھا۔

وہ رات گویا میرے غیر شعوری زمانۂ طفلی کا نقطۂ اختتام تھی، اس دن کے بعد سے میرا حافظہ جاگ اٹھا، میرے شعور اور میری یادوں میں ایک تسلسل آگیا جیسے ایک بالغ انسان کے ذہن میں ہوتا ہے۔

....

ہمارے کالج کے ایوان میں ہر سال بڑی دھوم دھام سے "سفری[2] نمائش" منعقد ہوا کرتی تھی۔ پیٹرسبرگ سے موسم سرما میں ہی چیڑ کے بڑے بڑے تختوں کے درمیان پیک ہو کر تصویریں آجاتیں اور ہمارے دریچوں کے سامنے سائبانوں کی جو لمبی قطار تھی اس میں ڈھیر رہتیں۔ ایسٹر سے کچھ پہلے انھیں باہر آنگن میں لایا جاتا کالج کے چپراسی انھیں کھولتے، بڑی احتیاط سے تختوں کے درمیان سے تصویروں کے بھاری بھاری فریم الگ کرتے پھر دو دو آدمی ایک ایک تصویر کو اٹھا کر اندر بڑے ایوان میں سجانے لے جاتے۔ کھڑکی کی دہلیزوں پر پڑے پڑے ہم بڑے شوق سے یہ سب دیکھا کرتے اور اس طرح ہم نے پہلی بار ان روسی ماہرین کی بہت ساری

---

[1] چیکاؤسکی نے نومبر ۱۸۹۳ء میں وفات پائی اور ریوبنسٹائن نے نومبر ۱۸۹۴ء میں۔

[2] ۱۸۷۰ء میں آرٹ کی "سفری نمائشوں" کے لیئے ترِستیاکوف کی سرپرستی میں ایک انجمن بنی تھی جس نے ہمعصر روسی مذاق کو متاثر کرنے میں بہت حصہ لیا۔ اس انجمن کا مقصد ہی آرٹ کی نمائشوں کے ذریعہ عوام کی تربیت کرنا تھا۔

تصویریں دیکھیں جو آج شہرت پا چکے ہیں اور پبلک گیلریز اور سرکاری ذخیروں کا ۵۰ فیصد ان ہی کی فن کاری پر مشتمل ہے۔

شروع میں سیروف وغیرہ کا گروپ بھی جن میں میرا باپ بھی شامل تھا ان نمائشوں میں حصہ لیا کرتا تھا لیکن پھر انھوں نے "روسی فن کاروں کی یونین" کے نام سے خود اپنی ایک علٰحدہ انجمن بنالی۔

۱۹ ویں صدی کے آخری دہے میں ہادلی ٹرو بٹسکائے نقاش اور سنگتراش جس نے اپنی زندگی کا بڑا حصہ اٹلی میں گزارا تھا، ماسکو آیا۔ اس کے لیے ہمارے فلیٹ کے پیچھے ہی ایک بہت بڑا شاندار اسٹوڈیو تعمیر ہوا۔ ہمارے باورچی خانے کی کھڑکی جو پہلے صحن میں کھلی تھی اب اس کے اسٹوڈیو میں کھلنے لگی جس سے ہم اس کو اور اس کے ساتھی صورت گر (CASTER) رابیکو کو کام کرتا دیکھ سکتے تھے اور اس کے ماڈلوں کو بھی جو صرف بچے اور رقاصائیں نہیں ہوتی تھیں بلکہ سوار قزاق اور گھوڑا گاڑیاں بھی جو اس شاندار اسٹوڈیم کے بڑے پھاٹک سے بہ آسانی اندر آجاتی تھیں اور اسی باورچی خانے سے ٹالسٹائے کی "رستاخیز" (RESSURECTION) پر میرے باپ کی بنائی ہوئی "تمثیلیں" بھیجی جاتی تھیں۔ یہ ناول اس وقت بالاقساط نیوا میں چھپ رہا تھا جو ایک مصور ہفتہ وار تھا۔ اور پیٹرسبرگ کا پبلشر مارکس اس کا اڈیٹر تھا۔ یہ ہفتہ وار بہت باقاعدگی کے ساتھ وقت پر نکلتا تھا اور میرے باپ کو اس کے تقاضوں کی بروقت تکمیل کے لیے اکثر بڑی عجلت میں کام کرنا پڑتا کیونکہ ٹالسٹائے اکثر اپنا مسودہ روک لیتا اور اس میں اتنی کانٹ چھانٹ اور تبدیلی کر دیتا کہ پہلے مضمون کے لیے جو خاکے بنائے جاتے وہ عموماً بے کار ہو جاتے اور وقت کے وقت انھیں بدلنا اور نئی

تصویریں بنانی پڑتیں ..... وہ تو کہئے خوش نصیبی سے میرے باپ کی نوٹ بک 'ایوان شاہی' متحرک زندانوں، دیہاتوں اور ٹرینوں کے اتنے زیادہ متنوع قسم کے "چربوں" اور "خاکوں" سے بھری رہتی تھی کہ وقت پر اکثر و بیشتر ان سے کام نکل جاتا کیونکہ عموماً یہی چیزیں ٹالسٹائے کی ناولوں کا پس منظر ہوا کرتی تھیں۔

وقت کی تنگی کے پیشِ نظر یہ تصویریں اکثر دست بدست بھیجی جاتیں عموماً پیٹرسبرگ اکسپرس کے گارڈز ہرکارے کا کام انجام دیتے۔

مجھے اچھی طرح یاد ہے ہمارے باورچی خانے کے دروازے پر باقاعدہ وردی میں، جیسے اسٹیشن کے پلیٹ فارم پر ایک گارڈ ہمیشہ ہی کھڑا رہتا اور اندر ایک عجیب سی ہلچل مچی رہتی، آتشدان پر جلدی جلدی لئی پکائی جاتی، تصویریں دفتی کے تختیوں پر چپکائی جاتیں، پارسل بنتے، مہریں لگتیں اور پھر انھیں بڑی پھرتی سے دروازے پر کھڑے گارڈ کے حوالے کر دیا جاتا ـــــ

ـــــــــــ

دوسرا باب

سیریابن

میری زندگی کا دوسرا دہا پہلے سے بہت مختلف تھا۔

۱۹ ویں صدی کے آخری دہے تک بھی، ماسکو اپنے سولہ سو[1] گرجا گھروں کے طمطراق کے باوجود ابھی ایک دور افتادہ صوبائی قصبہ سا لگتا تھا' نہایت پُر فضا، خوش منظر اور دلفریب! جیسے کوئی پریوں کا شہر ہو جس میں ابھی قدیم صدر مقام اور تیسرے[2] روم کی افسانوی شان و شوکت کے بھی کچھ نشان باقی تھے، جہاں ابھی پرانے رسم و رواج چلتے تھے۔ موسمِ خزاں میں سینٹ[3] فلورس اور سینٹ لورس[4] گرجاؤں اور کالج کے درمیان والی گلی پوشکوف میں بڑی دھوم دھام سے گھوڑوں کو پوتر بنانے کی رسم ادا کی جاتی تھی۔

---

[1] یہ شاعرانہ مبالغہ ہے۔ ماسکو میں سولہ سو گرجا گھر کبھی نہیں رہے۔ البتہ ۱۹ ویں صدی کے وسط میں ۳۰۷ کلیسا ضرور تھے۔ [2] یعنی "زار شاہی ... پہلا روم، رومن شاہی کہلاتا تھا اور دوسرا روم "بازنطین کی شاہی" اور تیسرا "زار شاہی تھا"

[3] [4] آرتھوڈکس کلیسا کے دو مشہور پادری جو دوسری صدی عیسوی میں ILLYRIS میں شہید ہوئے۔ جہاں انھوں نے کافروں کی ایک عبادت گاہ پر جو انہی سے تعمیر کرائی گئی تھی صلیب کا نشان کھڑا کیا تھا۔ ۱۵ اگست ان کی یاد کا دن سمجھا جاتا تھا۔

یہ دونوں مقدس ہستیاں چابک سواروں کی سرپرست سمجھی جاتی تھیں اور ۱۵۔اگست ان کے تیوہار کا دن تھا۔ اس روز سائیس اور کوچوان اپنے اپنے گھوڑوں کو خوب سجا کر ان گرجاؤں کے آس پاس گلی یں، سڑکوں پر جمع ہوتے۔ ایسا لگتا جیسے رنگ برنگی گھوڑوں کا ایک بہت بڑا میلا لگا ہے خوب خوب دعائیں مانگی جاتیں اور بڑی چہل پہل رہتی۔

لیکن نئی صدی کے آغاز نے جیسے جادو کی چھڑی گھما کر یکلخت ہر چیز کی کایا پلٹ دی۔ معاشی تخمینوں اور کاروبار کی وبا میں راتوں رات دفتروں کی بڑی بڑی عمارتیں ہر طرف پھیلنے لگیں۔ ہر گلی، ہر راستہ، ہر موڑ، ہر سڑک پر پختہ اینٹوں کی دکانیں، ملگیاں، ہوٹل اور سر بلند کوٹھے آسمان سے باتیں کرتے نظر آنے لگے اور اس کے ساتھ ہی ماسکو نے ایک نئے روسی آرٹ کو جنم دیا۔ پیٹرسبرگ پیچھے چھوٹ گیا۔ ماسکو کا آرٹ ایک اُبھرتے ہوئے شہر کا نوجوان، تازہ اور عصری آرٹ تھا۔

....

پورے شہر کے ساتھ ہمارا کالج بھی اس 'وبائی بخار' کا شکار بنا شاہی خزانہ سے اس کے لیے جو رقم مختص تھی اب وہ بڑھتے ہوئے اخراجات کے لیے ناکافی ثابت ہونے لگی لہذا لازماً تاجروں، امیروں اور نوابوں سے چندے مانگے جانے لگے۔ اور یہ طے پایا کہ کالج کے احاطہ میں کئی منزلہ عمارتیں تعمیر کی جائیں تاکہ انھیں کرایہ پر اُٹھایا جا سکے اور باغ کی جگہ مستقل نمائش گاہیں بنائی جائیں ـــــ چنانچہ ۱۹ ویں صدی کے ختم پر کالج سے ملحقہ بیرونی مکانات، کوٹھریاں، سائبان سب ڈھا دیئے گئے۔

باغ اُکھاڑ ڈالا گیا۔ اور جگہ جگہ گہری خندقیں کھدگئیں۔ نئی بنیادوں کی تیاری تھی۔ ہمارا گوشۂ عافیت بھی گرایا جانے والا تھا۔ چنانچہ انہی جاڑوں میں اصل عمارت کی دو تین کلاسوں کو ہماری رہائش گاہ میں تبدیل کیا گیا اور ۱۹۰۱ء میں ہم اس میں منتقل ہو گئے۔

کالج کے جس حصے کو ہماری رہائش گاہ بنایا گیا تھا اس کا ایک کمرہ چونکہ گول تھا اور دوسرا بھی کچھ عجیب ہی وضع کا کہ اگلے دس سال تک ہماری نشست گاہ اور حمام دونوں مل کر ایک بالکل ہلال جیسی شکل بنائے رہے.... باورچی خانہ بیضاوی تھا اور اسی میں شامل کھانے کا کمرہ نیم دائرہ نما جہاں ہر وقت باہر کے راستوں اور آس پاس کے کمروں سے آنے والی آوازیں عجیب دھیمی دھیمی گونج پیدا کئے رہتیں، ایک مستقل بھنبھناہٹ سی اور سرے کے آخری کمرے میں ملحقہ کلاس روم سے اصولِ حرارت پر پروفیسر شاپلجین کے لیکچر دینے کی آواز صاف سنائی دیتی۔

ابھی ہم اپنی پرانی قیام گاہ میں ہی تھے کہ گھر پر میری پڑھائی شروع کر دی گئی تھی۔ کبھی تو خود میری ماں مجھے سبق دیتی اور کبھی دوسرے اُستاد آ کر پڑھاتے۔

جب مجھے پیٹر اینڈ پال ہائی اسکول میں شریک کرنے کا منصوبہ بنا تو کچھ عرصہ تک گھر پر مجھے وہی سب مضامین سکھائے جاتے رہے جو اس اسکول کی جونیر فارم کے نصاب میں شامل تھے۔

اپنے متعدد استادوں میں سے۔ جن کی یاد آج تک بھی میرے

دل میں باقی ہے اور میں ان کے لیئے ایک گہرا جذبۂ تشکر رکھتا ہوں یہاں میں صرف اپنی ایک پہلی اُستانی کا ذکر کروں گا جو بچوں کے لیے بہت ہی دلچسپ مضامین اور کہانیاں لکھا کرتی تھیں اور انگریزی سے بہت ساری پریوں کی کہانیوں کے روسی زبان میں ترجمے بھی کیئے تھے۔ ان کا نام ایخا ترنیا ایوونا فنا باراٹنسکایا تھا۔ انھوں نے ہی مجھے حروف کی ساخت اور بناوٹ سے شروع کر کے کرسی پر بیٹھنا قلم پکڑنا، لکھنا اور پڑھنا سکھایا اور ابتدائی حساب اور فرانسیسی کے کچھ درس بھی دیئے۔

وہ ہمارے مکان سے قریب ہی ایک آراستہ کمرے میں رہتی تھیں۔ ویسے یہ کمرہ خاصا تاریک تھا، اور فرش سے چھت تک کتابوں سے اٹا ہوا مگر وہاں پہنچ کر مجھے ہمیشہ ایک عجیب سی صفائی اور سادگی کا احساس ہوتا جیسے اُبلتے ہوئے دودھ اور بھنی ہوئی کافی کی خوشبو اور تیز کر دیتی۔ اس کی کھڑکی پر مہین جالی کے پردے لٹکے تھے اور باہر بھورے مٹیالے رنگ کے برف کے گالے گرتے ہوے بالکل ایسا لگتا جیسے روئی کے لحاف میں کوئی ٹانکے بھر رہا ہو۔ وہ ہمیشہ میرا دھیان بانٹ دیتے، میری نظریں اسی طرف لگی رہتیں۔ باراٹنسکایا مجھ سے فرانسیسی میں سوالات کرتی ہوئیں اور میں بے سوچے سمجھے اوٹ پٹانگ جواب دیتا رہتا۔ سبق ختم ہو جاتا تو وہ اپنی جیکٹ کے

---

1. یہ اسکول ماسکو لوتھرین کلیسا سے ملحق تھا اور روس میں مقیم جرمن نسل بچوں کے لیے کھولا گیا تھا۔ لیکن اکثر روسی اور ماسکو کے روسی یہودی خاندان بھی اپنے بچوں کو وہیں پڑھاتے تھے۔

استر سے قلم پونچھتیں اور جب تک گھر سے مجھے کوئی لینے نہ آتا خاموش بیٹھی انتظار کرتی رہتیں۔ ۱۹۰۱ء میں مجھے ماسکو ہائی اسکول کی دوسری جماعت میں داخل کیا گیا۔ جہاں کے نصاب میں دوناوٗسکی[1] اصلاحات کے بعد سے نیچرل سائنس اور دوسرے جدید مضامین بھی شامل کر لیے گئے تھے تاہم اس نے ابھی اپنے کلاسیکل رجحان کو بھی باقی رکھا تھا اور اب بھی وہاں لاطینی زبان سکھائی اور پڑھائی جاتی تھی۔

. . . .

۱۹۰۳ء کے موسم بہار میں میرے باپ نے بریانسک (BRYANSK) ریلوے لائن پر (جو اب خائف لائن کہلاتی ہے) MALOYOROSLAVETS سے قریب گاؤں میں ایک داچہ[2] کرایہ پر لیا۔ ہمارا یہ بنگلہ جنگل کے ایک کھلے حصہ میں پہاڑی پر بنا تھا اور وہیں کچھ فاصلے پر ایک دوسرے بنگلہ میں سیریابن مقیم تھا۔ اس وقت تک ابھی ہمارا اس سے ملنا جلنا نہیں تھا۔

جیساکہ عموماً ہوتا ہے، ہم صبح سویرے اپنی نئی قیام گاہ میں پہنچے ـــــ چھت پر سے جھکی ہوئی شاخوں سے دھوپ چھن چھن کر کمروں میں آرہی تھی۔ اندر ٹاٹ کے تھیلوں میں لپٹے ہوئے بنڈل کھولے جارہے تھے۔ چادریں، تکئے، کھانے پینے کی چیزیں کڑھائیاں

---

[1] ان اصلاحات میں قدیم زبانوں کے مقابلہ میں سائنس پر زیادہ زور دیا گیا تھا۔ [2] ایک چھوٹا سا دیہاتی بنگلہ۔

بالٹیاں، گھڑے سب ابھی فرش پر اِدھر اُدھر بکھرے پڑے تھے، ابھی گھر جما نہیں تھا۔ میں نے پہنچتے ہی جنگل کی راہ لی۔

خدایا! جنگل کی وہ صبح کتنی سحر انگیز تھی! کیسا عجیب جادو تھا! سورج کی کرنیں جیسے ہر سمت سے صحرا کو چھید رہی تھیں، ہر طرف دھندلی اُجلی پرچھائیاں، جھومتے رقص کرتے سائے اور اُٹھتی جھکتی شاخوں کی بے نام جنبش کے ساتھ ساتھ وہ ہر دم ایک غیر متوقع، ہر بار اجنبی اور اور ناموس سی چڑیوں کی چہچہاہٹ! ..... اچانک ایک تیز چیخ! ایک فریاد! فضاؤں میں اوپر اٹھتی اور پھر دھیرے دھیرے ڈوبتی سی جیسے کہیں دور فاصلوں میں گم ہوتی ہوئی اور یوں ہی بار بار ایک عاجلانہ ٹکراؤ جیسے درختوں سے چھنتی دھوپ.... ابھی تیز روشنی ابھی گہری چھاؤں! اور بالکل اس دھوپ چھاؤں اور صحرائی پرندوں کے اُبھرتے ڈوبتے نغموں کی طرح پڑوس کے بنگلہ سے تیسری سمفنی یا 'آسمانی نظم' کے منتشر اجزاء پیانو پر اُبھرتے ڈوبتے، کبھی دور کبھی نزدیک جیسے پورے صحرا میں گونج رہے تھے۔

او میرے معبود! وہ کتنا عجیب! کیسا انوکھا سنگیت تھا! متواتر قلابازیاں سی کھاتا، کھنڈروں میں لڑھکتا، ابھی المناک تباہیوں اور سرگوشیوں میں ڈوبتا سا اور ابھی انہی کھنڈروں کے بے پناہ سناٹے کے اندر سے اوپر اُٹھتا، بلند ہوتا... اس کا موضوع، اس کا زیر و بم 'تال و سُر سب مجنونانہ حد تک مکمل! جیسے اس دن ۱۹۰۳ء کی صبح (یاد رہے ۱۸۰۳ء نہیں) صحرا بالکل نیا تھا، بہار کی آغوش میں زندگی کی تازہ سانسوں سے

معمور اور جیسے پورے صحرا میں ایک بھی پتہ رنگین پنی یا کریپ کاغذ کا نہیں تھا، بالکل اسی طرح اس سمفنی میں بھی کوئی مصنوعی یا بناوٹی چھوت نہیں تھی، کوئی رسمی خطابت نہیں، کوئی بلاغت نہیں، کوئی مبالغہ نہیں، کوئی ایسی چیز نہیں جو اسے بیتھوون یا گلنکا یا آئیوان آئیوانووچ یا شہزادی ماریا الگزیفنا کی سمفنیوں جیسا بناتی۔ اس کے برعکس اس کی اپنی المیہ طاقت ہر بلند بانگ غم و اندوہ اور شاہانہ افسردگی کے مقابل ایک ادائے خاص سے سربلند و سرفراز تھی... سرفراز و یکتا! عجیب والہانہ فتنہ انگیز حد تک آزاد! سبک اور بسیط ... جیسے ابلیس۔

میں سوچ رہا تھا جس نے ایسا نغمہ تخلیق کیا وہ کیسا انسان ہوگا؟ ... شاید ایسا ہی باوقار اور پرسکون جیسے خدا ساتویں دن اپنی محنتِ تخلیق کے بعد آرام میں ہو اور سچ مچ وہ ایسا ہی نکلا۔

وہ اور میرا باپ اب اکثر وارسا کی شاہراہ پر جو ہمارے بنگلہ سے زیادہ دور نہیں تھی... ساتھ ٹہلنے جاتے۔ کبھی میں بھی ان کے ساتھ ہوتا۔ سیریابن کے چلنے کا انداز عجیب تھا... پہلے تو خوب تیز تیز پھر ایسے اچھل اچھل کر جیسے کوئی طاقت سے پھینکا ہوا پتھر پانی کی سطح پر چھچھلتا جارہا ہو ایسا معلوم ہوتا جیسے وہ کسی لمحہ بھی زمین چھوڑ کر ہوا میں اڑن چھو ہوجائے گا۔ غالباً ان قریب بہ پرواز ارفع و سبک مختلف 'حرکات' کی اس نے خود کو باقاعدہ تربیت دی تھی اور اس کے ساتھ اس کی شخصیت کا وہ مہذب جادو! لوگوں

کے بیچ محفلوں میں ایک عام سیدھا سادا سطحی دنیاوی انداز اور سنجیدہ موضوعات سے گریز ـــــ جیسے وہ سیریابن خالق نغمہ نہ ہو بلکہ ہمارا تمہارا جیسا عام انسان ـــــ لیکن اس سب سے زیادہ تعجب انگیز اس کے وہ "متناقضات" تھے جو اکثر ان چہل قدمیوں کے دوران ظاہر ہوتے' جب وہ میرے باپ کے ساتھ خیر و شر پر' زندگی اور ادب پر بحث کرتا اور نطشے کے فوق البشر اور اس کی بے تعلقی خیر و شر کا پرچار کرتا نظر آتا۔ وہ دونوں اگر کسی بات پر متفق تھے تو صرف فن کی ماہیت اور موضوع پر باقی ہر چیز میں وہ بالکل مختلف الرائے تھے۔

میں اس وقت ۱۲ برس کا تھا، ان کی آدھی سے زیادہ باتیں میری سمجھ سے باہر تھیں لیکن سیریابن کے ذہن کی تازگی اور ندرتِ خیال نے جیسے خود بخود ہی مجھے جیت لیا، میں اس کی پرستش کرنے لگا ہمیشہ اس کا ساتھ دیتا اور ہر بات میں اس کی حمایت کرتا، گو میں مشکل ہی سے کبھی اس کا مطلب سمجھ پاتا۔

جلد ہی وہ چھ سال کے لیے سوئٹزر لینڈ چلا گیا۔

اسی سال موسم خریف میں مجھے ایک حادثہ پیش آیا جس نے ہمارے دیہات کے قیام کو معمول سے زیادہ طویل بنا دیا۔

میرا باپ ان دنوں ایک تصویر بنا رہا تھا "TO HIGHT PASTURE[1] "

---

[1] روس میں بہت قدیم سے یہ دستور چلا آرہا تھا کہ موسم گرما میں گاؤں کے لڑکے لڑکیاں، گھوڑوں کو "شب چرا" کے لیے لے جایا کرتے تھے۔ اکثر گاؤں سے بہت دور۔ تورگنیف نے اپنی ایک کہانی "چراہ گاہ بیزن" میں بھی اس کا ذکر کیا ہے اور اس پورا نقشہ کھینچا ہے۔

جون میں غروب آفتاب کے وقت کچھ لڑکیاں قریب کے ایک گاؤں بخاروفا سے گھوڑے دوڑاتی ہماری پہاڑی کے دامن میں مرغزاروں اور چشموں کی طرف آتی دکھائی گئی تھیں ... ایک شام میں بھی ان میں شامل ہوگیا، لیکن میرا گھوڑا مجھے کچھ اس بُری طرح لے کر بھاگا کہ میں اس پر قابو نہ پاسکا اور جب اس نے ایک چوڑی نہر پر سے چھلانگ لگائی تو میں نیچے آرہا اور میری ایک ٹانگ کی ہڈی ٹوٹ گئی۔ اس طرح میری ایک ٹانگ ہمیشہ کے لیے دوسری سے چھوٹی رہ گئی اور اسی وجہ سے جب کبھی فوجی بھرتی کی مانگ ہوئی میں مستثنیٰ قرار دیا گیا۔

اس موسم گرما سے پہلے بھی میں نے پیانو پر کچھ ہاتھ چلائے تھے اور خود اپنے کچھ سُروں کو جوڑنے کی بھی کوشش کی تھی جس میں کامیاب بھی رہا تھا اور اب سیریابن سے ملنے کے بعد سے میرا دل بے اختیار راگ اور نغمہ کی تخلیق کے لیے مچل رہا تھا ــــ چنانچہ میں نے باقاعدہ راگ راگنیوں کے علم اور ان سے متعلق مختلف نظریات کا مطالعہ شروع کر دیا اور اپنے اسکول کے بقیہ چھ سال اس کی نذر کر دیئے۔

شروع میں کچھ عرصہ تک میں نے قابلِ ستائش اینگلز کے ساتھ کام کیا جو اپنے وقت کا ماہر موسیقی دان اور موسیقی کا بہت بڑا نقاد تھا اور پھر پروفیسر گلیئر (GLIER) کے ساتھ ــــ اس شغل میں میری کامیابی پر کسی کو ذرا سا بھی شک نہ تھا۔ میرا مستقبل گویا طے تھا۔ ماں باپ بھی میرے اس انتخاب سے خوش تھے۔ نغمہ میرا نصیب بننے والا تھا اور اس کی خاطر، بزرگوں کے ساتھ ــــ جن کی میں جوتی کی برابری بھی نہیں

نہیں کر سکتا۔ میرے ہر ناشکر گزارانہ، بہیمانہ برتاؤ، ہر قسم کی احمقانہ سرکشی، نافرمانی غفلت اور تنگ مزاجی سے درگذر کیا جاتا تھا گویا مجھے بارہ خون معاف تھے۔ حتیٰ کہ اس وقت بھی جب مدرسہ میں لاطینی یا حساب کی جماعت میں، میں اپنے ڈسک پر میوزک کی کتاب کھولے راگ راگنی کے کسی مسئلہ کو حل کرنے میں وقت ضائع کرتا پکڑا جاتا، یا اچانک کسی سوال کے جواب میں احمقوں کی طرح منہ کھول کر رہ جاتا، تو بھی کوئی کچھ نہ کہتا اور پوری جماعت میرے بچاؤ کے لیئے اٹھ کھڑی ہوتی اُستاد میری غلطیوں کو علانیہ نظر انداز کر جاتے پھر بھی میں نے میوزک کو چھوڑ دیا اور اس وقت چھوڑا جب ہر طرف سے مجھ پر آفریں اور مبارکباد کی بارش ہو رہی تھی، اور میں بجا طور پر یہ محسوس کر رہا تھا کہ اس فن میں خاطر خواہ ترقی کر رہا ہوں۔

میرا "دیوتا" لوٹ آیا تھا ——— سیریابن سوئیٹزر لینڈ سے واپس آچکا تھا۔ اور اپنی تازہ ترین تخلیقات کے ساتھ جس میں اس کی EXTASE یا نسمفنی بھی شامل تھی۔ اس کی آمد ایک بڑی جیت، ایک شاندار فتح تھی۔ پورے ماسکو میں اس کا جشنِ خیر مقدم منایا جا رہا تھا۔ اس ہنگامۂ جشن و مسرت میں میں بھی اس سے ملنے گیا، اور اپنے کچھ گیت بجا کر سنائے۔ اس نے شروع سے آخر تک بڑے غور سے مجھے سُنا۔ خوب تعریف کی، ہر طرح سے میری ہمت افزائی کی اور دعائیں دیں۔ یہ میری توقعات سے بہت زیادہ تھا۔ لیکن میرے "غمِ دروں" سے کوئی آگاہ نہ تھا اور میں اسے بیان بھی کرتا تو شاید

کوئی باور نہ کرتا۔ جہاں تک 'تخلیق نغمہ' کا سوال تھا میں اس میں خاصا اچھا تھا لیکن بجاتا بہت بُرا تھا اور گیت پڑھتا ایسے تھا جیسے کوئی بچہ ہجے کر رہا ہو۔ میرے نغموں کے موضوع، جو بجائے خود نئے اور مشکل تھے ... اور "عملی مہارت" کے درمیان اس تناقض نے ہی اس فطری جوہر کو جو میرے لیئے ایک مسرت بن سکتا تھا، ایک مستقل کوفت میں بدل دیا، یہاں تک کہ بالآخر میں اسے برداشت نہ کر سکا۔

یہ ہو کیسے سکا؟ کوئی چیز بنیادی طور پر غلط تھی۔ شاید میرے ہی اپنے تصور کی کوئی کجی جو انتقام چاہتی تھی۔ میں اپنے "غرورِ شباب" کا شکار تھا۔ وہ ایک نیم پختہ "زعم باطل" تشکیک کی خود رائی جو ہر اس چیز کو جو ممکن الحصول نظر آئے جسے کوشش سے حاصل کیا جا سکے ذلت وحقارت سے دیکھتی ہے۔ میں نے محنت اور تندہی کو غیر تخلیقی جانا۔ جن چیزوں کے بارے میں کچھ نہیں جانتا تھا ان پر آپ اپنا حکم لگایا۔ اپنے ہی آئین و قوانین نافذ کرنا چاہے ... میں نے سوچا، حقیقی زندگی میں ہر چیز معجزنما اور از خود ہونی چاہیئے۔ کوئی چیز سوچی سمجھی، تولی ناپی اور ارادی نہیں ہونی چاہیئے۔ یہ مجھ میں سیریابن کے اثر کا انکاری پہلو تھا۔ میں نے اسے اپنا "برہما" سمجھا اور یہ نہ جانا کہ وہی اکیلا خود اپنی "خود مرکزیت" کا مقدور رکھتا تھا۔ اس کی تعلیم صرف اس کے لیے درست تھی۔ میں نے طفلانہ حد تک اسے غلط سمجھا مگر اس کے فکر وخیال کے بیج بہرحال ایک زرخیز زمین پر بکھر چکے تھے۔

میری طبیعت کا میلان شاید ہمیشہ ہی سے کچھ تصوف اور کچھ توہمات

کی طرف رہا تھا۔ میرا دل ہمیشہ کسی "اشارت الٰہی" کا متمنی رہتا۔ بہت پہلے ہی سے غالباً اس "محفلِ سماع" کی رات ہی سے میں نے ایک ہیرونک دنیا پر یقین کرنا شروع کر دیا تھا جو مجھے ایسا لگتا میری خوشگوار خدمات کی منتظر و طالب ہے مگر ساتھ ہی وہ میرے لیئے ایک عجیب سرچشمۂ اضطراب بھی تھی۔ کتنی ہی بار جب میں ابھی سات آٹھ سال ہی کا تھا، میں خودکشی کرتے کرتے رہ گیا۔

مجھے کچھ ایسا لگتا، ایسا شک ہوتا جیسے ہر طرح کے پراسرار جھوٹ مجھے چاروں طرف سے گھیرے ہوں، شاید ہی کوئی ایسی لغویت اور بیہودگی ہو جس کو میں نے اپنے گرد موجود نہ سمجھا ہو ۔۔۔ کبھی کبھی ۔۔۔ کہ ابھی میری زندگی کی صبح تھی اور تب ہی ایسا احمقانہ خیال ذہن میں آسکتا ہے ۔۔۔ مجھے یکایک یہ خیال ہوتا کہ ضرور کبھی میں لڑکی تھا (شاید اس لیئے کہ بچپن میں آیا مجھے فراکیں پہنایا کرتی تھی) اور میں پھر اس پہلی زیادہ خوشگوار اور دلفریب شخصیت کو حاصل کر سکتا تھا اور اس کوشش میں اپنی پیٹی اتنی کس لیتا کہ تقریباً بیہوش ہو جاتا ۔۔۔ اور کبھی مجھے یہ خیال گزرتا کہ اپنے ماں باپ کی اصلی اولاد نہیں بلکہ ایک لاوارث یتیم ہوں جسے انھوں نے از راہِ کرم گود لے لیا ہو۔

موسیقی کے تعلق سے بھی میری بدنصیبوں میں کچھ ایسے ہی گمراہ کن اور توہماتی اسباب کو دخل تھا۔ کچھ بدشگونیاں، کچھ اشارے، کچھ استخارے ۔۔۔ میری آواز میں مکمل رس نہ تھا ۔۔۔ مجھے اس کی ضرورت بھی کیا تھی "نغمہ گر" کو آواز سے سروکار؟ میرے کام میں تو وہ بالکل ایک غیر ضروری

چیز تھی لیکن اس کا محض علم ہی میرے لئے سوہان روح بن گیا۔ ایک مستقل اندوہ ایک پیہم احساسِ تذلیل! شکستِ پندار کا ایک ناقابل برداشت غم! ـــ اور میں نے اسے۔ اس بات کی دلیل سمجھا کہ خود قضا و قدر نے میرے میوزک کو ٹھکرا دیا تھا، خود مشیت ایزدی اس کے خلاف تھی، اور مجھ میں ان ساری چوٹوں کو برداشت کرنے کی ہمت نہ تھی۔ میں حوصلہ ہار گیا، اپنے ہی ایک توہم کے آگے سرنگوں ہوگیا۔

"مسلسل چھ برسوں تک "نغمہ" میری زندگی رہا تھا، اب میں نے خود ہی اپنے ہاتھوں سے اس کے پرخچے اُڑا دیئے اور اسے یوں اپنے سے دور پھینک دیا جیسے کوئی اپنے ہی ہاتھوں اپنا عزیز ترین سرمایۂ حیات لٹا دے

ویسے اس کے بعد بھی کچھ عرصہ تک میں کبھی کچھ راگ راگنیاں بناتا اور نغمے ترتیب دیتا رہا لیکن بتدریج مہارت میرا ساتھ چھوڑ رہی تھی۔ تب بالآخر میں نے بالکل ہی طے کر لیا کہ اس سے ہر رشتہ توڑ دوں۔ میں نے پیانو بجانا اور موسیقی کی محفلوں میں جانا یکلخت ترک کر دیا اور سنگیت کاروں اور سازندوں وغیرہ سے بھی کترانے لگا۔

....

سیریابن کی فوق البشر کی حمایت میں دراصل ایک "تفصیلِ کُل" کی خلقی روسی تمنا مضمر تھی اور ایک موسیقی ہی کیا، سچ پوچھیئے تو دنیا کی ہر وہ شے جو "خود تکمیلی" کی متمنی ہو اس کے لیئے اپنے سے گذر جانا لازمی ہے۔ کسی مخصوص انفرادیت کا حصول، ہماری شخصیت اور عمل میں ایک طرح کی ماورائیت اور غیر محدودیت کا طالب ہوتا ہے۔

موسیقی سے میری شکستہ ربطی اور اس کے ارتقاء و نمو کا ساتھ نہ دے سکنے نے میرے حافظے میں جس سیریابن کی یاد کو باقی رکھا (وہی سیریابن جو کبھی میری غذائے روح تھا) وہ اپنے درمیانی زمانہ کا سیریابن ہے ـــــ اندازاً اپنے تیسرے اور پانچویں سوناٹا تک کا سیریابن ـــــ میرے لئے اس کے آخری زمانہ کی تخلیقات کی نیم الٰہی تجلیاں قوتِ روح نہیں بنتیں۔ وہ محض اس کی ذہانت کا مزید ثبوت ہیں۔ جس کا ظاہر ہے میں طالب نہ تھا کیونکہ اس پر مجھے شروع سے اعتماد تھا۔

جو نوجوان مر گئے جیسے آندرے بیلی اور خلیب نیکوف (KHLEBNI-KOV) ان کی زندگی کے آخری ایام ایک، نئے ذریعۂ اظہار کی تلاش میں ہی گذر گئے وہ ایک نئی زبان کے خواب دیکھتے اور اس کے حروف و اصوات، ارکانِ تہجی اور لہجہ کی جستجو میں ہی حیران و سرگرداں چل بسے۔

میں کبھی نہ سمجھ سکا کہ آخر اس قسم کی تحقیق و کاوش کی ضرورت کیا ہے؟ میرا تو یہ ایقان ہے کہ کوئی فنکار ہو اس نے انتہائی حیرت انگیز انکشافاتِ کل ان لمحوں میں کئے ہیں جب احساسِ تخلیق اس پر یوں چھا جاتا ہے یا وہ اس میں یوں محو ہو جاتا ہے کہ سوچنے کی بھی مہلت نہیں ملتی اور شدتِ احساس کی عجلت پرانی زبان میں ہی اس سے نئے الفاظ کہلوا دیتی ہے اور اس وقت اسے یہ خیال بھی نہیں آتا کہ جو زبان وہ لکھ رہا ہے نئی ہے یا پرانی؟

---

1. یعنی اندازاً ۱۸۹۷ء سے ۱۹۰۷ء تک

اسی طرح تو SHOPIN (شوپن) نے MOZORT (موزارت) اور FIELD (فیلڈ) کی پرانی بولی کو برتتے ہوئے بھی موسیقی میں اتنے سارے نئے اضافے کئے کہ وہ خود ایک آغازِ نو بن گیا۔

اور سیریابن نے بھی تو اولاً سارے اپنے اپنی پیش روؤں کے طریق اپنائے پھر بھی موسیقی کی پوری فضا بدل دی، اسے ایک نئی زندگی بخشی۔" THE PRELUDES- اور "ETUDES OF THE EIGHT OPUS. OF THE ELEVENTH - سے ہی (جو اس کی کافی ابتدائی تخلیقات ہیں) اس کا فن بالکلیہ عصری نظر آتا ہے، اس میں اس وقت کی اپنی گرد و پیش کی دنیا سے، لوگوں کے اندازِ فکر سے، ان کے احساس و تاثر ان کے رہن سہن لباس، رفتار گفتار سب سے ایک گہرا ربط اور مطابقت ہے۔ کون کہہ سکتا ہے کہ اس کے سنگیت میں اپنے وقت کی دھمک نہیں سنائی دیتی۔

اس کے ان نغموں کے سُر یوں شروع ہوتے ہیں جیسے آنکھوں میں آنسو بھر بھر آئیں اور ایسے بہتے چلے جاتے ہیں جیسے آنکھ کے گوشوں سے آنسو چپ چاپ رخساروں پر سے بہتے ہوئے ہونٹوں کے کناروں تک جا پہنچیں۔ وہ ہمارے برہنہ اعصاب اور دل کے گوشوں تک بے روک بہتے چلے جاتے ہیں اور وہ ہمارے آنسو غم کے آنسو نہیں ہوتے بلکہ حیرت و استعجاب کے آنسو ہوتے ہیں کہ کسی دوسرے نے تمہارے دل کا راستہ اتنی اچھی طرح کیسے جان لیا؟ ... پھر دفعتاً سُروں کے اسی بہاؤ، اسی ازخود رفتگی کے اندر سے، جیسے مخالف سمت سے اٹھتی ہوئی ایک جوابی تان ایک زیادہ بلند نسوانی آواز اور ایک زیادہ سادہ بات چیت کا سا لہجہ!

اور یہ "اتفاقی مناظرہ" پھر فوراً ہی ایک آہنگ میں تحلیل ہو جاتا ہے لیکن اپنے پیچھے اس سادگی کا وہ بے پناہ مضطرب کن نشان چھوڑ جاتا ہے جس پر فن کی ہر چیز کا انحصار ہے۔

بے شک آرٹ :ام تسلیم شدہ حقیقتوں سے ہی بھرپور ہوتا ہے اور گو ان کے استعمال کی ہر کسی کو آزادی ہوتی ہے لیکن یہ مسلمہ قاعدے شاید ہی کبھی بالکل اسی طرح انہی حدود میں برتے جاتے ہوں — ایک "آشکار سچائی" خاص نصیب چاہتی ہے — ایسا نصیب جو کسی صدی میں صرف ایک ہی بار اس تک اپنا راستہ بناتا ہے — سیریابن ایسا ہی ایک نصیب تھا — جیسے دوستو وسکی اپنی صدی کے ایک ناول نگار سے زیادہ "کچھ اور" بھی تھا جیسے بلاک (BLOK) محض شاعر کے علاوہ بھی "کچھ اور" تھا۔ ویسے ہی سیریابن بھی صرف ایک سنگیت کار نہیں "کچھ اور" بھی تھا — روسی تہذیب کی تاریخ میں وہ ایک پیہم لطف، ایک لازوال تہنیت کا باعث ہے — ایک ذکرِ دوام!

تیسرا باب

سنہ ۱۹۰۵ء

۱۷ اکتوبر[1] کے مینی فسٹو کے بعد ہی ماسکو میں طلبہ برادری کے جو مظاہرے شروع ہوئے اس کے جواب میں[2] AKHOLNY RYAD کی مخالف جماعت نے یونیورسٹی اور اعلیٰ ٹیکنیکل کالجوں پر دھاوا بول دیا اور انھیں جی بھر کے تباہ و برباد کیا۔ ہمارا کالج بھی خطرہ میں تھا۔ ڈائرکٹر نے ممکنہ حفاظتی تدابیر کے احکام

---

[1] ۱۹۰۴-۱۹۰۵ء کی روسی جاپانی جنگ کے دوران جو ہڑتالیں اور انقلابی ہنگامے بپا ہو رہے تھے اس کے پیش نظر نکولس ثانی کے شروانیف نے اسے ۱۷ اکتوبر کا وہ مینوفسٹو جاری کرنے پر آمادہ کیا جس میں ایک آئینی حکومت کا وعدہ کیا گیا تھا لیکن جس دن یہ مینوفسٹو جاری ہوا اسی دن کاسکون نے سرخ جھنڈیوں والے طلبہ کے ایک جلوس پر حملہ کیا جس میں ایک طالب علم مارا گیا جس کے جنازے کے جلوس نے چند روز بعد ہی مزدوروں اور طلبہ برادری کی طرف سے ایک عام مظاہرے کی شکل اختیار کر لی اور اسی شام کاسکون اور سیاہ پوشوں" (یونین آف رشین پیپل) کے ہاتھ کئی طالب علم اور مزدور مارے گئے اور بہت سے زخمی ہوئے۔ رشین پیپل کی یہ یونین رجعت پرست مخالف سامی جماعتوں نے تشکیل دی تھی جس کا اصل مقصد پھر اشرافیہ کو برسر اقتدار لانا تھا اور اس کا کام اتنا یہ تھا کہ وہ پولیس کی مدد سے مخالف یہودی پروگرام ترتیب دے اور طالب علموں پر حملے کروائے۔

[2] مرکزی ماسکو کا ایک ضلع جہاں سے مذکورۂ بالا یونین اپنے رنگروٹ بھرتی کرتی تھی۔

جاری کر دیئے تھے اور کرپچ کی لمبی لمبی نلکیاں نلوں کی ٹونٹیوں سے منسلک کر دی گئی تھیں کہ امکانی حملہ آوروں کے خلاف بروقت استعمال ہو سکیں۔ طالب علموں نے خود اپنی رضاکارانہ "ٹولیاں" ترتیب دے رکھی تھیں اور ہمارا اپنا محافظ دستہ رات بھر گشت لگاتا رہتا۔

کالج سیاسی اکھاڑا بنا ہوا تھا۔ وقتاً فوقتاً ہماری گلی سے گزرتا ہوا کوئی مجمع یکایک عمارت میں گھس آتا، سارے کلاس روم بھر جاتے، اسمبلی ہال میں جلسے ہوتے۔ دھواں دھار تقریریں چلتیں اور جو نیچے گلی میں رہ جاتے ان کو کچھ مقررین بالکونی سے ہی مخاطب کرنے لگتے۔

میرے باپ کے کاغذات میں اس لڑکی کی تصویر اب تک موجود ہے جو زخم خوردہ ایک ستون کا سہارا لیئے بالکونی پر کھڑی نیچے مجمع کو مخاطب کر رہی ہے۔ وحشی سوار ہجوم کو چیرتے آگے بڑھ رہے ہیں اور اُسے گولی کا نشانہ بنا رہے ہیں۔

اسی ۱۹۰۵ء کے ختم پر جب عام[1] ہڑتال اپنے عروج پر تھی گورگی ماسکو لوٹا۔

وہ بڑی سرد اور برفیلی راتیں تھیں اور پورا شہر گھپ اندھیرے میں لپٹا ہوا صرف یہاں وہاں کچھ جلتے الاؤ اور ان کے اُبھرتے ڈوبتے شعلوں کی پرچھائیں کبھی کبھی ویران گلیوں میں اکا دکا آوارہ گولیوں کی سنسناہٹ سنائی دے جاتی اور سوار طلایہ گرد بے آواز غیظ و غضب کے ساتھ برف

---

[1] ۱۹۰۵ء کے ہنگاموں کی آخری منزل جس نے عام ہڑتال کی صورت اختیار کی اور جو پورے ماسکو میں ۹ دسمبر سے ۱۹ دسمبر تک جاری رہی۔

کی اچھوتی سطح کو روندتے گذر جاتے ... اس پریشان کن زمانہ میں میرے باپ کو کئی بار گورکی سے ملنے کا اتفاق ہوا۔ مختلف نئے طنزیہ اخبار جیسے "THE SCOURGE" اور "THE BUGABOW" کے سلسلہ میں خود گورکی نے کئی بار لیونڈ پاسٹرناک کو بطورِ خاص دعوت دے کر بُلایا۔

اور میرا خیال ہے کہ اس زمانہ میں ـــ یا ہوسکتا ہے بعد میں جب ہم ایک سال تک[1] برلن میں قیام کے بعد ماسکو لوٹے تھے، میری نظر سے بلوک کی ایک نظم گذری۔ مجھے یاد نہیں وہ کون سی نظم تھی، شاید ـــ "PUSSY WILLOW"[2] یا شاید "CHILD HOOD"[3] کا کوئی اقتباس یا شاید کوئی اور نظم انقلاب کے بارے میں مجھے مطلق یاد نہیں کہ نظم کا عنوان کیا تھا لیکن میرے ذہن پر اس نے جو تاثر چھوڑا وہ آج بھی مجھے یاد ہے اور اتنی اچھی طرح کہ میں اسے بخوبی دہرا سکتا ہوں۔

. . . .

عام طور پر ہم لٹریچر سے کیا مفہوم لیتے ہیں؟ خطابت، مبالغہ لفظی آرائش، آراستہ جملے اور محترم ناموں کی ایک دنیا۔ وہ قابلِ فخر مباہات ہستیاں کہ جب جوان تھیں تو زندگی کی آنکھوں میں آنکھیں ڈال کر دیکھا لیکن وہی جب ایک بار شہرت پالیتی ہیں تو خود کو تجرید وعلحدگی، تکرلیاد ایک محتاط عقلِ سلیم کے دائرے میں محدود کرلیتی ہیں اور جب کبھی اس

---

[1] ۱۹۰۶ء میں برلن میں لیونڈ پاسٹرناک کی تصویروں کی نمائش ہوئی تھی۔

[2] [3] بلوک کی یہ نظم پہلی بار ۱۹۰۶ء میں "ZKOPINKA" کے شمارہ ۶ میں چھپی تھی اور دوسری "CHILD HOOD" ۱۹۰۷ء کے "GRIF" میں۔

'اقلیم ادب' میں جہاں تصنع اور بناوٹ اتنا دخل پا لیتے ہیں کہ ان کی طرف دھیان بھی نہیں جاتا ـــــ کوئی زبان کھولتا ہے.. صرف کسی لفظی توڑ پھوڑ، وضعی یا "آرائشِ جمال" کی خاطر نہیں بلکہ اس لیئے کہ وہ کچھ جانتا ہے اور اسے کہنا چاہتا ہے تو اس کا نتیجہ کیا ہوتا ہے ؟ ..... ایک 'کایا پلٹ' ایک تغیر عظیم! جیسے سارے بند دروازے یکایک کھول دیئے گئے ہوں اور باہر گلی کی ساری آوازوں، شور و شغب کو اندر آنے کا اذنِ عام مل جاتا ہے۔ گویا کہنے والا قصبہ کے واقعات کی رپورٹ نہ کر رہا ہو بلکہ خود قصبہ پکار پکار کر اس کی زبانی اپنی موجودگی کا اظہار کر رہا ہو۔ بلوک ایسی ہی ایک آواز تھا۔ اس کی تنہا تنہا، بچوں جیسی معصوم "باتوں" کا تاثر اس کی طاقت اتنی ہی عظیم تھی۔

اس کی کوئی نظم اٹھا کر پڑھیے ـــ وہ ایک اطلاع ایک خبر کی حامل نظر آئے گی لیکن صاف محسوس ہوگا جیسے وہ خبر کہی نہیں گئی بلکہ خود ہی کسی کی اجازت بنا اپنے آپ صفحۂ قرطاس پر اُتر آئی، گویا نظم کسی نے لکھی نہیں اپنے آپ ہی وجود پا گئی۔

اس کی نظمیں، 'ہوا'، 'جوہڑ'، 'تالاب'، 'ستاروں' اور گلی کے چراغوں کا کوئی ذکر یا بیان نہیں معلوم ہوتیں بلکہ ان میں ہم خود چراغوں کو جلتے، ستاروں کو جھلملاتا اور پانی کی مہین لہروں کو ہلکورے لیتا دیکھتے ہیں اور خود ہوا کو کاغذ کی سطح پر لوٹتا اور اپنا گہرا بھیگا مضطرب کن نشان چھوڑتا پاتے ہیں۔

....

بلوک، جیسے میری نسل کے دوسرے نوجوانوں کی زندگی کا ایک حصّہ تھا ویسے ہی میری جوانی کا بھی جزو تھا۔ اس میں وہ سارے جوہر موجود تھے جو ایک بڑا شاعر بننے کے لیئے ضروری ہیں: جذب و شوق، نرمی، انہماک درون بینی، دنیا کے بارے میں اپنا ایک تصوّر، ہر چیز کی قلبِ ماہیت کر دینے کا خود اپنا ایک ملکہ، ایک خداداد قابلیت خود اس کا اپنا ایک منضبط، متین و معتدل اور خود کو مٹا دینے والا مقدر ـــــ ان تمام صفات اور ان کے علاوہ اور بہت سی دوسری خوبیوں میں سے میں یہاں اس کی صرف ایک خصوصیت کا ذکر کروں گا جو مجھے سب سے ممتاز اور سب پر غالب نظر آتی ہے۔ یہ اس کی تیز بینی، اس کی آوارہ مگر متوجہ نظر، اس کے مشاہدہ کی سریع الحسی تھی:

ایک روشنی، دریچے میں، متحرک
نیم تاریکی میں . . . . دور کہیں
ایک ہارلکن (دلقک)
دروازے پر، اندھیرے کے ساتھ سرگوشی کرتا

. . . .

برف کی تیز آندھی
گلیوں میں لچکتی جھومتی
ایک ہاتھ مجھ تک پہنچتا ہے
کوئی مسکراتا ہے

ایک شریر روشنی ہاتھ ہلاتی
جاڑوں کی رات میں ایک چہرے کے مانند کھو جاتی ہے
جب ایک سایہ ..... ایک نیم رُخی پرچھائیں
چپکے سے دیوڑھی میں کھسک آتی ہے

صفات بغیر اسم کے، افعال بغیر فاعل کے... خوف، ہیجان، ایک آنکھ مچولی سی، ایک عجیب بے ربطی، تیزی سے گھومتی پرچھائیں.... یہ طرز وقت کی اسپرٹ سے کتنا ہم آہنگ تھا۔ خود چھپا چھپا سا، دزدیدہ ہوا بستہ، زیر زمینی جیسے بس ابھی ابھی تہہ خانوں سے باہر نکلا اور ابھی تک وہی سازشں کی زبان بولتا.... اس زمانے اور اس کہانی کو جلو میں لیئے جس میں خاص کردار قصبہ تھا اور گلی اس کا اہم واقعہ یہی صفات ہیں جو بلوک کے پورے وجود میں رچی ہوئی ہیں اور یہی وہ فائق و برتر اعلیٰ بلوک ہے... ALKOMOST اڈیشن کی دوسری جلد کا بلوک۔

'خوفناک دنیا' 'آخری دن' 'فریب' 'کہانی' 'داستان' 'ملاقات' اور 'اجنبی کا خالق' "بھٹیار خانوں اور گلی کوچوں میں" درخشاں شبنم سے پرے کہرے میں' اور 'بھجن منڈلی' جیسی نظموں کا مصنف:

اس کی شدید حساسیت سے مملو حقیقت، ہوا کی ایک سبک رَو کی طرح ان نظموں میں بہتی دکھائی دیتی ہے اور صرف انہی میں نہیں اس کی پوری شاعری پر یہی بات صادق آتی ہے حتیٰ کہ اس کے ظاہرا تصوف اور الٰہیات تک میں بھی۔ (جو مابعد الطبیعاتی فکر اور سوچ کا مظہر نہیں) ہم کلیسا جانے والوں کی زندگی کی روزمرہ حقیقت کے منتشر اجزاء کو بکھرا

ہیں اور اس ساری حقیقت کا حاصل اس کا قلب اس کا اس ... اس کی نظموں کا پیٹر سبرگ، اس کی داستان کا اصلی ہیرو جو اس کی آپ بیتی کا موضوعِ خاص تھا۔

ہمارے عہد کے فن کاروں نے جتنے بھی پیٹر سبرگ تخلیق کیے ان میں بلوک کا پیٹر سبرگ سب سے زیادہ حقیقی ہے۔ وہ تخیل اور زندگی دونوں میں ایک ناقابلِ امتیاز مساوی وجود رکھتا ہے وہ اپنی روزمرہ کی سیدھی سادی نثر سے پُر۔ وہ نثر جو شاعری کو ڈرامائیت اور اضطراب بخشتی ہے اور اس کی گلیوں میں بازاروں میں بولی جانے والی زبان۔ وہی رائج عام روزمرہ کی بول چال ہے جس سے شاعری کی زبان تازگی اور سیرابی حاصل کرتی ہے اور یہ بھی ایک شہر کی تصویر کے یہ خدوخال ایک ایسے حساس ذہن و قلم کے اُبھارے ہوئے لگتے ہیں اور ان میں ایسی عجیب "روحانیت" بھی مضمر ہے کہ پوری تصویر ایک انتہائی غیر معمولی دنیائے باطن کا بھی ایک حسین و دلکش مرقع معلوم ہوتی ہے۔

. . . .

میری خوش نصیبی تھی کہ ماسکو[2] میں مقیم بہت سے پرانے شاعروں[1] سے میں پہلے ہی مل چکا تھا لیکن بلوک سے میں پہلی بار اس وقت ملا جب وہ آخری بار[2] ماسکو آیا۔

اس رات پالی ٹکنک میوزیم میں شعر خوانی کی ایک محفل ترتیب دی گئی

۱؎ مثلاً بریوسوف، آندرے بیلی، دیاچسلوف ایوانوف، بالتروشیاتیس وغیرہ
۲؎ یعنی مئی ۱۹۲۱ء میں۔

تھی، وہیں لیکچر ہال کے باہر زینے پر میری اس سے ملاقات ہوئی۔ وہ بڑی بے تکلفی سے ملا اور مجھے قریب سے جاننے کا اشتیاق ظاہر کیا اور یہ افسوس بھی کہ ناسازیِ مزاج کی وجہ سے فی الحال وہ میرے ساتھ کسی تفصیلی صحبت کو ملتوی رکھنے پر مجبور تھا۔

اس رات اسے تین جگہوں پر شعر سنانے تھے" پالی ٹکنک" میں "پریس کلب" میں اور" ڈانٹے سوسائٹی" میں، جہاں اس کے پیروؤں کا ایک پر شوق مجمع اس کی اطالوی نظمیں سننے کے لیئے بے چینی سے منتظر تھا۔ پالی ٹکنک میں میکاؤسکی نے مجھے بتایا کہ "آزاد تنقید" کے نام پر پریس کلب میں بلوک کے خلاف ایک بڑی سازش گھڑی گئی ہے اور وہاں آج اس کی بُری گت بنائی جانے والی ہے۔ سُنا، خوب اس پر لعنت ملامت ہونے والی ہے اور میکاؤسکی چاہتا تھا کہ ہم وہاں پہنچ کر اس ذلت اور بدتمیزی کو روکنے کی کوشش کریں چنانچہ بلوک کے پالی ٹکنک سے نکلتے ہی ہم بھی فوراً کلب کی طرف چل پڑے مگر ہم پیدل تھے اور وہ کار میں۔ جب تک ہم وہاں پہنچیں بلوک اپنی نظمیں سُنا کر" ڈانٹے سوسائٹی" کی محفل میں شرکت کے لیئے جا چکا تھا لیکن ہمارا اندیشہ غلط نہیں تھا۔ لوگوں نے بتایا وہاں واقعی غریب پر ہر طرف سے خوب لے دے ہوئی، ہر طرح اس کی ہتک کی گئی اور اس پر بے جا آوازے کسے گئے یہاں تک کہ اس کے مُنہ پر اسے" دقیانوسی" اور ایک" زندہ نعش" کے خطابوں سے سرفراز کیا گیا۔ بلوک نے سارے الزامات کو خاموشی سے تسلیم کیا۔ اور یہ سب کچھ اسے کب سُننا پڑا، موت سے صرف چند مہینے پہلے۔

. . . .

شعر وسخن کے ہمارے ابتدائی تجربوں کے دور میں ہماری نسل کے صرف دو ہی شاعر ASEYEV (آسیفیف) اور TSVETAYENA ایسے تھے جن کے بارے میں کہا جا سکتا ہے کہ وہ ایک مکمل پختہ شاعرانہ طرز کو پہنچ چکے تھے رہے باقی ہم سب (جن میں میں بھی شامل ہوں) سو ہمیں اپنی جس 'جدت' و 'ندرت' پہ بڑا فخر و ناز تھا وہ دراصل ہماری بیچارگی مکمل مہملیت اور بے ربطی کا نتیجہ تھی جو ہمیں شعر کہنے، شعروں کا ترجمہ کرنے اور ان کو شائع کروانے سے باز نہیں رکھ سکتی تھی۔

اس زمانے میں میں نے جو انتہائی فضول، بے جان، بے آہنگ چیزیں لکھیں ان میں سب سے زیادہ بھونڈے اور ناگوار میرے بن جانسن کی "ALCHEMIST" اور گوئٹے کی "MYSTERIES" کے ترجمے ہیں۔

MYSTERIES کے میرے ترجمہ پر بلوک نے 'عالمی لٹریچر' کے ناشروں کے لیئے تبصرہ لکھا تھا جو بعد میں اس کی تحریروں کے مجموعے میں بھی شامل رہا۔ اس کا انتہائی پامال کن حقارت آمیز لہجہ ــــ آج محسوس ہوتا ہے، بالکل بجا اور درست تھا، میں اسی کا مستحق تھا لیکن یہ تو میں اپنی اصل روئیداد سے بہت دور جا پڑا۔ بہتر ہوگا کہ میں پھر وہیں سے اپنی کہانی کا یہ سلسلہ شروع کروں جہاں میں نے اسے چھوڑا ہے یعنی بہت پہلے ۱۹۰۰ء سے۔

جب میں اسکول کی تیسری یا چوتھی جماعت میں تھا کرسمس کی چھٹیاں میں

---

[۱] ۷ اگست ۱۹۲۱ء کو بلوک نے وفات پائی۔

نے پیٹرسبرگ میں گذا ریں۔ میرا چچا، نکولایاسکی لائن پر گوڈز اسٹیشن کا افسر تھا۔ اس نے مجھے ایک 'پروانہ' راہداری' دے دیا اور میں نے پہلی بار ٹرین سے تنہا پیٹرسبرگ کا سفر کیا۔

تمام تمام دن میں اس غیر فانی شہر کی گلیوں میں دیوانہ وار گھومتا پھرتا' جیسے میرے قدم، میری نگاہیں اس کے پتھروں ' اس کے در و دیوار میں مضمر ذہانت کے کسی معجزے کو حریصانہ پی جانا چاہتی ہوں اور شامیں ایک تھیٹر "KOMMISSAR ZHEVSKAYA" میں گذرتیں اور راتیں نئی نئی کتابوں کی تازہ سرشتی میں۔ آندرے بیلی ANDREY BELY' ہیمسن PRZYBYSZEWSKI میرے محبوب تھے، میں ان کی تحریروں کا دیوانہ تھا۔

سفر کا ایک اور اس سے زیادہ وسیع اور زیادہ حقیقی تجربہ میرے لیئے ہمارا برلن کا سفر تھا جہاں ہم سب ۱۹۰۶ء میں گئے۔ اپنی زندگی میں پہلی بار ایک اجنبی دیس میں ——

یہاں کی ہر چیز غیر معمولی تھی' اپنے گھر، اپنی زمین سے بالکل مختلف' ایسا لگتا جیسے کوئی خوابوں کی دنیا میں جی رہا ہو یا اسٹیج پر فی البدیہہ کسی ناٹک میں حصہ لے رہا ہو۔ کوئی ایسا کھیل، ایسا تماشا جو ہر قاعدے قانون سے بے نیاز ہو جس میں کسی کا حصہ لینا بھی فرض نہیں اور یہ بھی لازمی نہیں کہ وہ اسے دیکھے ضرور۔ جہاں نہ کوئی تمہارا واقف کار نہ شناسا' نہ کوئی تم پر پابندی لگانے والا نہ تمہارے لیئے قاعدے قانون تراشنے والا۔ گلی کے دو طرفہ مکانوں کی ایک لامحدود قطار میں کھلتے اور بند ہوتے دروازے' ہر اپارٹمنٹ کا ایک علٰحدہ راستہ . . . عظیم شہر کی بلندیوں پر' اس کے

گلی کوچوں، جھیلوں، میدانوں سے پرے ریس کورس سے اُدھر ایک مدور پل کے ساتھ ساتھ مڑتی ہوئی چار سٹڑیاں ... ریلوے لائنیں، ٹرینیں ایک دوسرے کا تعاقب کرتی، آگے پیچھے دوڑتی بھاگتی، ایک دوسرے پر سبقت پاتی ... کبھی ساتھ ساتھ اور پھر دفعتاً الگ الگ اپنے اپنے راستے پر ...... ریلوے پلوں کے نیچے شاہراہوں پر ڈوبتے اُبھرتے چراغ، ریلوے لائن کی سطح میں پہلی اور دوسری منزلوں کے دریچوں سے جھانکتی روشنیاں، اسٹیشن ریسٹورنٹ میں سلاٹ[1] مشینوں پر روشنی کے ننھے ننھے قمقموں کے جڑاؤ جھومر سے .... برلن کی بے شمار گلیوں، بے کنار باغوں اور پارکوں میں آوارہ گردی کرتے، اس کی گیس، انجنوں کے دھویں اور بیر کے بخارات کی ملی جلی فضا میں سانس لیتے، برلن کے عامیانہ لہجہ میں جرمن بولتے اور پیہم ویگنر AGNER کو سنتے ہوئے۔ بہت جلد وہ اجنبی فضائیں میری اپنی بن گئیں۔

اس زمانے میں برلن روسیوں سے بھرا پڑا تھا۔ نغمہ نگار ربیکوف (REBIKOV) اپنا "کرسمس کا درخت" بجا بجا کر دوستوں کو سناتا اور انھیں بتاتا کہ میوزک کے تین دَور سمجھنے چاہئیں۔ ایک "دورِ وحشت" بیتھوون کے زمانے تک دوسرا بیتھوون اور ربیکوف کا درمیانی زمانہ یعنی "دورِ انسانیت" اور تیسرا "نغمۂ مستقبل"

گورکی بھی اسی زمانہ میں چند روز کے لیئے برلن آیا ہوا تھا اور اس سے اکثر ہماری ملاقات رہتی۔ میرے باپ نے اس کی ایک تصویر بھی اسی زمانے میں بنائی تھی .... مگر ANDREYENA نے اسے پسند نہیں کیا۔ رخسار و ن

---

[1] خود فروش مشینیں جو عموماً سگار، چاکلیٹ اور میٹھے بادام فراہم کرتی تھیں۔

کی ہڈیاں کسی قدر زیادہ نمایاں ہو گئی تھیں جس کی وجہ سے چہرے میں گداز پن نہیں رہا تھا وہ عجیب سوکھا سوکھا دُبلا پتلا سا دکھائی دیتا تھا اور اس میں کچھ درشتی بھی آگئی تھی۔ ANDREYENA کا کہنا تھا کہ "تم نے اس کو بالکل سمجھا نہیں۔ وہ عین مین "گا تھک" ہے۔"

اس زمانے میں بات کرنے کا کچھ یہی انداز تھا۔

. . . .

غالباً وہ برلن سے ہماری واپسی کے کچھ ہی عرصہ بعد کی بات ہے کہ ایک اور عظیم ہم عصر غزل گو شاعر میری زندگی میں آیا۔ وہ جرمنی کا رینر ماریا رلکے RAINER MARIARILKE تھا جسے اس وقت شاید ہی کوئی جانتا ہو مگر آج ساری دنیا اس کا لوہا مانتی ہے۔

وہ ٹالسٹائی سے ملنے ۱۹۰۰ء میں YASNAYA POLYANA (یا سنایا پولیانا) آیا تھا اور ایک موسم گرما اس نے کلن (KLIN) کے قریب زوویڈوف ZOVIDOV میں کسان شاعر DROZHOZIN کے ہمراہ گزارا تھا۔ وہ میرے باپ سے واقف تھا اور ان کے درمیان خط و کتابت بھی تھی۔

بہت دنوں پہلے جب اس کی ابتدائی نظمیں چھاپی جا رہی تھیں وہ برابر انھیں دوستانہ انتساب کے ساتھ لیونڈ پاسٹرناک کو بھیجا کرتا تھا ایسے ہی دو مجموعے ایک عرصہ کے بعد اس موسم سرما میں بالکل اتفاقیہ طور پر میرے ہاتھ لگے اور ان میں مجھے وہی "بہ ضد" غیر مشروط متانت اور زبان و بیان کا وہی راست انداز نظر آیا جس نے پہلے پہل بلوک کو پڑھتے ہوئے میرے دل کی تہوں کو متحرک کیا تھا اور میرے اندر ایک غیر معمولی حیرت و استعجاب

کو جگایا تھا۔

. . . .

روس میں رِلکے کو کوئی نہیں جانتا تھا۔ چند ایک جو اس کے ترجمے وہاں ہوئے وہ ناکام رہے اور اس میں مترجمین کا بھی کوئی قصور نہیں اس لیئے کہ جہاں تک مطلب و معنی کو منتقل کرنے کا سوال تھا اس میں انھوں نے کوتاہی نہیں کی لیکن "لہجہ"... وہ اسے روسی زبان میں نہیں اپنا سکے اور رلکے کے پاس "لہجہ" ہی سب کچھ ہے۔

دوسرے ملکوں میں اس کی شہرت و مقبولیت کا مجھے کوئی اندازہ نہ تھا۔ یہاں تک کہ ۱۹۱۲ء میں ایک دن ویر ہائیرن (VERHAEREN) جو اس وقت ماسکو میں تھا میرے باپ کے پاس اپنی شبیہ بنوانے آیا۔ میرے باپ نے جیسا کہ وہ کبھی کبھی مجھ سے یہ کام لیا کرتا تھا اپنے اس ماڈل کا بھی دل بہلانے اور اس کے چہرے پہ ایک شگفتگی پیدا کرنے کی ذمہ داری مجھ پر ڈال دی تاکہ اس کے چہرہ کا تاثر بے جان اور سپاٹ نہ رہے... اسی طرح ایک بار مجھے مشہور مورخ KLYUCHEVSKY کے تاثر کو بھی جاندار بنانا پڑا تھا اور اب اس ویر ہائیرن کی روح کو جگانے کا کام میرے سپرد ہوا تھا۔ یہ کہنا شاید لاحاصل ہوگا کہ میں اس کے چاہنے والوں میں سے تھا اور اس کی تحریروں کا دل سے شیدائی لہذا میں نے انہی کا ذکر چھیڑا اور پھر باتوں باتوں میں کسی قدر جھجکتے ہوئے پوچھا "کیا اس نے رلکے کے بارے میں کبھی کچھ سنا تھا۔

میرے شان گمان میں بھی نہ تھا کہ وہ رلکے سے اتنی اچھی طرح واقف

ہوگا۔ رلکے کا نام سنتے ہی اس کا چہرہ چمک اُٹھا۔ میرے باپ کو اور کیا چاہیئے تھا، وہ اسی حسین اور جاندار تاثر کو تو اس کے چہرہ پر دیکھنا چاہتا تھا۔

" وہ یورپ ، بہترین شاعر ہے" دیر ہائیرن کہہ رہا تھا "اور میرا عزیز ترین روحانی بھائی"! بلوک کے برعکس جو نظم کا سرچشمہ نثر کو سمجھتا تھا لیکن جو کبھی اسے اپنی تحریروں کا جزو لاینفک نہ بنا سکا، رلکے نے اپنے عہد کے ناول نگاروں جیسے ٹالسٹائی، فلوبیر، پراؤسٹ وغیرہ کے بیانیہ اور نفسیاتی منطقی انکشافات کو اپنی شاعرانہ زبان اور طرز کا سرچشمہ بنایا اور اس سے ایک گہرا ربط و آہنگ قائم کرنے میں غیر معمولی حد تک کامیاب رہا۔

بہر حال یہ کہ میں مستقلاً اس کی تخلیقات کا بیان و تجزیہ کرتا رہوں تو بھی اس کے بارے میں کوئی واضح تصور نہیں دے سکتا۔ اس کے لہجہ کو کسی دوسری زبان میں منتقل کرنا بے حد مشکل ہے تقریباً ناممکن۔

. . . .

وہ لگ بھگ ۱۹۰۷ء کا زمانہ تھا کہ مشروموں کی طرح نئے ناشروں کی جیسے ایک فصل کی فصل اُگ آئی، جگہ جگہ سنگیت سبھاؤں میں جدید موسیقی راگ اور نغموں کے مظاہرے ہونے لگے۔ ایک کے بعد ایک آرٹ کی نمائشیں ترتیب پانے لگیں "دنیائے فن" "گولڈن فلیس" "اینٹ کا غلام" "گدھے کی دُم" "نیلا گلاب" جیسے مختلف انوکھے ناموں کی نئی نئی فنکار انجمنیں بننے لگیں۔ بہت سارے روسی ناموں جیسے سوموف SOMOV ساپونوف (SAPUNOV) سودیکن (SUDEYKEN) کریموف (KRYMOV) لاریونوف (LARYONOV) گونشروف (GONCHAROV) وغیرہ کے درمیان

یہاں وہاں بونار (BONUARD) دولی لار (VIIILLARD) جیسے کچھ فرانسیسی نام بھی جھلملاتے نظر آتے۔ ماتس (MATISSE) کی تصویریں اور روڈن (RODIN) کی مورتیاں پیرس سے آتیں اور "گولڈن فلیس" کے گہرے رنگ کے دبیز پردوں سے گھرے نیم تاریک ایوانوں میں جو ہر وقت پود گھروں کی طرح کائی کی بو میں بسے ہوتے (شاید اس لیئے کہ وہاں سنبل کے گملے بکثرت تھے) ان کی نمائش ہوتی۔ نوجوان جوق در جوق ان نئی فنکارانہ تحریکوں میں شامل ہو رہے تھے۔

RAZGUTYAY چوک کے نئے مکانوں کے حلقے میں ایک بہت پرانا لکڑی کا مکان نہ جانے کیسے ابھی تک باقی رہ گیا تھا۔ اس کا مالک ایک روسی جنرل تھا اور وہ اب بھی وہیں مقیم تھا۔ اس جنرل کے شاعر و مصور لڑکے جولین انیسموف (JULIAN ANISIMOV) نے اپنے ہم مذاق نوجوانوں کا ایک الگ ہی حلقہ بنا رکھا تھا اور اس پرانے مکان کی اوپری منزل پر اکثر محفلیں جمتیں۔ یہ بیچارا شاعر و مصور انیسموف، اس کا سینہ کمزور تھا جس کی وجہ سے موسم سرما اسے ہمیشہ باہر گذارنا پڑتا لیکن خزاں اور بہار کے موسم میں جب وہ گھر پر ہوتا تو خوشگوار شاموں میں بڑی پُر لطف ضیافتیں ترتیب پاتیں۔ چائے اور رم (RUM) کی دو آتشہ کیفیتوں کے ساتھ شعر و سخن، نغمہ و موسیقی اور پینٹنگ پر دلچسپ بحثیں نیا لطف دیتیں یہیں میں بہت سارے فن کاروں سے ملا۔

ہمارا میزبان بہت ہی ذہین، پُرمذاق، مہذب و شائستہ اور بڑا قابل انسان تھا۔ اس کا مطالعہ وسیع تھا اور روسی کے علاوہ وہ اور کئی

ہی زبانوں میں مہارت رکھتا تھا، انھیں بڑی بے تکلفی اور روانی سے بول سکتا تھا۔ سچ پوچھیئے تو وہ مجسم اس شاعرانہ صفت کا حامل تھا جو ایک شیدائے فن شخصیت کو ایک طرح کی سحر انگیزی تو بخش دیتی ہے لیکن اسے ایک طاقتور تخلیقی کردار عطا نہیں کر سکتی۔ میں اسے بے حد پسند کرتا تھا، ہمارے بہت سے شوق یکساں تھے۔

انیسموف کے مکان پر ہی میں SERGY DURYLIN (سرجی ڈیوری لن) سے ملا جو اب اس دنیا میں نہیں۔ اس زمانہ میں وہ سرجی رایا دسکی کے قلمی نام سے لکھا کرتا تھا۔ میرے ابتدائی شعری تجربوں کو اسی کی نظر عنایت نے قابل توجہ پایا اور شاید یہ اسی کا اثر تھا کہ میں موسیقی سے شاعری کی طرف مائل ہوا۔ وہ بڑی غربت و افلاس کی زندگی گزار رہا تھا۔ یہاں وہاں کبھی کچھ بچوں کو اور کبھی بڑوں کو درس دے کر بڑی مشکل سے اپنی ماں، خالہ اور خود اپنی گذر بسر کا سامان کر پاتا۔ اس کی پُر شوق "سالمیت" اور شدید "ایقانات" ہمارے دلوں میں اس بلنسکی (BELINSKY) کی یاد تازہ کرتے تھے جو ہم تک داستانوں کی صورت میں پہنچا تھا۔ یہیں انیسموف کی محفلوں میں لاکس (LOKS) نے (جو یونیورسٹی میں میرا ہم جماعت رہ چکا تھا) مجھے INNOKENTY ANNENSKY کے مطالعہ کا شوق دلایا جو واقعی بہت غیر معمولی شاعر تھا اور اس وقت تک میں اس سے بالکل ناآشنا تھا۔

LOKS نے اس کی شاعری اور میری "بگولے" کے درمیان ایک خیالی رشتہ قائم کر رکھا تھا۔ اس کا کہنا تھا ہم دونوں میں ضرور کوئی قدر مشترک ہے۔

ہمارے اس حلقہ کا ایک نام تھا "سردار دا" (SERDARDA)

لیکن ہم میں سے کسی کو بھی یہ علم نہ تھا کہ اس کے معنیٰ کیا ہیں ؟ کہتے ہیں ہمارے حلقہ کے ہی ایک شاعر و مطرب آرکاڈی گوریوف (ARKADY GURYEV) نے ایک بار والگا کے کنارے کہیں یہ لفظ سُنا تھا۔ رات کے وقت اس عجیب پُراسرار شور و شغب میں جب دو جہاز تقریباً ایک ساتھ ایک ہی گودی میں جا پہنچتے ہیں اور لازماً آگے پیچھے یوں لنگر انداز ہوتے ہیں کہ پچھلے جہاز کے مسافروں کو ساحل تک پہنچنے کے لیئے اسباب کے ساتھ لامحالہ پہلے سے اندر سے ہوکر جانا پڑتا ہے دونوں جہازوں کے مسافر، ان کا سامان سب ایک دوسرے سے کچھ ایسا گڈمڈ ہوجاتا ہے کہ ان میں باہم تفریق کرنا بڑا مشکل ہوتا ہے۔ ایسے ہی ایک شور رستاخیز و ہنگامۂ محشر کے بیچ ہمارے شاعر مطرب کے کانوں میں جانے کہاں سے وہ لفظ "سار دادا" جا پڑا اور وہی ہمارے حلقہ کا نام بن گیا۔ یہ گوریوف، سارا ٹوف (SARATOV) سے آیا تھا۔ اس کی آواز میں بڑی نرمی، گہرائی اور طاقت تھی۔ وہ جو بھی گیت گاتا اس کی ڈرامائی اور صوتی لطافت کے بھرپور اظہار پر اسے غیر معمولی قدرت حاصل تھی۔ وہ ایک ناتراشیدہ ہیرے کے مانند تھا۔ اس کی مستقل بے لگام حماقتیں جیسے اکثر باعث تعجب بنتیں۔ ویسے ہی اکثر و بیشتر اس کا کھرا پن اس کا خلوص اور سچائی جو کبھی کبھی اس کی ظاہر داریوں اور تصنع کے بیچ بھی جھک اٹھتی حیرت انگیز معلوم ہوتی۔ اس کی شاعری ایک اوسط درجہ کی شاعری سے خاصی بلند تھی اس میں ہم کو میاکاوسکی (MAYAKOVSKY) کے بے پایاں خلوص اور یاسینین (YASENIN) کے ہموار قرینے ہوئے تصورات کی تازگی اور شگفتگی کی جھلک دکھائی دیتی۔ وہ ایک ماہر گویا اور بہترین اداکار بھی

تھا۔ ایسا لگتا جیسے اداکاری اس کی گھٹی میں پڑی ہو۔ اوسترا وسکی (OSTRO VESKY) کے کرداروں کی طرح وہ ایک پیدائشی اداکار تھا۔ بالکل پیاز کی طرح گول مٹول سر، سپاٹ چوڑی پیشانی، بے نام سی ناک جو مشکل ہی سے نظر آتی اور گنجی چندیا یہ تھا اس کا حلیہ ــــ پھر بھی اس میں ایک جاذبیت تھی۔ وہ یکسر حرکت مجسم اظہار تھا۔ وہ کبھی ہاتھوں سے کوئی اشارہ نہ کرتا لیکن جب وہ کچھ کہنے یا سُنانے کے لیئے کھڑا ہوتا تو ایسا لگتا جیسے اس کا پورا جسم بول رہا ہو۔ اس کا عضو عضو اداکاری کرتا دکھائی دیتا۔ جسم کا اُوپری حصہ پیچھے کی طرف جھکا ہوا اور سر ایک جانب کو خم، پاؤں ایک دوسرے سے فاصلہ پر بالکل ایسا معلوم ہوتا جیسے وہ کسی روسی رقص کے عین درمیان میں ساکت و صامت ٹھہر گیا ہو..... جب کبھی وہ زیادہ پی لیتا تو خود اپنی حماقتوں پر یقین کرنے لگتا، چلتے چلتے کسی موڑ پر دفعتاً رک جاتا اور ایسا ظاہر کرتا جیسے اس کا پاؤں زمین میں چپک گیا ہو اور ہمیں قسمیہ یقین دلاتا کہ شیطان نے اس کی ایڑی پکڑ رکھی ہے۔

"سار دادا" میں اور بھی کتنے ہی شاعر و مصوّر شامل تھے مثلاً کراسن (KRASIN) جس نے بلوک کی "PUSSYISILLOWS" کو نغمایا تھا۔ بابروف (BOBROV) جس کی ابتدائی نظمیں میری نظموں کے ساتھ شائع ہوئی تھیں اور جو RAZGULYAY کے میدان میں آنے سے پہلے ہی ایک نوخیز روسی (رمبو) RIMBOUD مشہور ہو چکا تھا۔ "MUSAGET" کا مدیر KOZHOBATKIN بھی ہمارے حلقہ میں شامل تھا اور سرجی میکاوسکی SERGY MAKOVSKY، اپالو کا ایڈیٹر بھی جب کبھی وہ ماسکو میں ہوتا

ہماری محفلوں میں ضرور شریک رہتا۔ غرض "سار دادا" شعر و فن کا ایک بڑا مرکز بنا ہوا تھا۔

میں "سار دادا" میں شامل ہوا تو اپنی موسیقی کی شہرت و مقبولیت کے برتنے پر، وہاں جو بھی مہمان آتے ان کے فن کے 'نغماتی خاکے' ترتیب دینا میرے ہی ذمّہ ہوتا۔ موسمِ بہار کی مختصر رات بہت جلد گزر جاتی۔ کھلے دریچوں سے صبح کی سانسیں اندر داخل ہونے لگتیں، نسیم سحر کے نرم و نازک ہاتھوں کے لمس سے پردوں کے کنارے دھیرے دھیرے جھوم اٹھتے۔ گریۂ شبی سے دھندلائی ہوئی شمعوں کی لَو اور جھلملاتی جاتی اور میز پر بکھرے ہوئے کاغذ خنک ہواؤں میں کھڑکھڑانے لگتے، ہر چیز جماہیاں لیتی نظر آتی، میزبان، مہمان، خالی فاصلے، بھورا آسمان، کمرے، زینے — ہر چیز بالآخر ہم اپنے گھروں کی طرف روانہ ہوتے۔ کشادہ خالی خالی سنسان گلیاں اور طویل معلوم ہوتیں ... صرف یہاں وہاں کچرے کی بنڈیاں ایک قطار میں شور مچاتی اور کھڑکھڑاتی — "قنطور" اس وقت کے محاورے میں کوئی ہم میں سے بے اختیار کہہ اٹھتا۔

. . . .

MUSAGAT پبلشنگ ہاؤس کے گرد بھی ایک اچھا خاصا اسکول سا بن گیا تھا، جہاں مشہور ادیب اور نقّاد پُرشوق نوجوانوں کو شاعری کے انداز اور آہنگ سکھاتے . . . . . جرمن رومانیت کی تاریخ، روسی غنائیہ شاعری، گوئٹے اور رچرڈ ویگنر کی جمالیات، بودلیر اور دوسرے فرانسیسی ادیبوں اور شاعروں کی "اشاریت" اور ماقبل سقراط یونانی فلسفہ

پر عالمانہ لکچر دیتے اور ان ساری سرگرمیوں کی روح رواں آندرے بیلی تھا جو صرف اعلیٰ درجہ کا شاعر ہی نہیں تھا بلکہ بہت اچھا نثر نگار بھی۔ نثری سمفینوں اور ان دو ناولوں "روپہلی فاختہ" اور "پیٹرسبرگ" کا خالق جن کا ماقبل انقلاب روسی ذوق کو بدلنے میں بہت بڑا حصہ ہے اور جن کو ہم سوویٹ نثر کا نقطۂ آغاز کہہ سکتے ہیں۔ آندرے بیلی میں ذہانت کی تمام نشانیاں موجود تھیں۔ وہ بلا کا ذہین تھا، ایک ایسی "ذہانت" کا مالک جس نے روزمرہ کی مشکلات اور گھریلو زندگی کے جھمیلوں سے آزاد، دوستوں کی نافہمی اور ناقدر دانی سے بے نیاز، ایک خلا میں، جولانی دکھائی اور بہت جلد ایک تخلیقی قوت سے ایک بنجر اور تخریبی طاقت میں بدل گئی۔ لیکن اس "کمزوری" نے جو ایک شاعرانہ وجدان کی فراوانی کا نتیجہ تھی، اسے ہماری نظروں میں سُبک نہیں بنایا بلکہ اُلٹی ہماری ہمدردیاں حاصل کیں اور ہمارے دِلوں میں اُس کے لیئے جو کشش تھی اس میں ایک "احساسِ الم" شامل ہوگیا۔

وہ روسی GAMBIC (ایسی نظم جس کے ارکان کا پہلا جزو غیر تاکیدی اور دوسرا تاکیدی ہوتا ہے) شاعری پر عملی درس دیتا تھا اور اپنے شاگردوں سے بحث میں اس کے آہنگ، اوزان و عروض، انحرافات اور زحافات کی وضاحت کے لیئے باقاعدہ اعداد و شمار کا استعمال کرتا . . .

میں نے کبھی ان مباحثوں میں حصہ نہیں لیا اس لیئے کہ اس وقت بھی میرا یہ ایقان تھا اور اب بھی ہے کہ نغمگی یا موسیقی کوئی صوتیات کا مسئلہ نہیں نہ چند نام نہاد حروفِ علّت اور حروفِ صحیح کی ہم آہنگی کا نام نہیں بلکہ آواز اور مفہوم کا ربط اس کا ضامن بنتا ہے۔

MUSAGET کے یہ جوشیلے نوجوان وقتاً فوقتاً جن مختلف جگہوں پر اکٹھا ہوا کرتے تھے ان میں سے ایک مقام ضلع پریسینا (PRESNYA) میں کراخت (KRAKHT) مجسمہ ساز کا اسٹوڈیو بھی تھا جس کی دیواروں کی نصف بلندی پر ایک گیلری تھی جسے کراخت اپنی خوابگاہ کے طور پر استعمال کرتا تھا۔ اس کے نیچے فرش پر خوبصورت آرائشی پودوں اور عشق پیچاں کی نازک بیلوں کے درمیان سفید مٹی کے نقلی چہرے ... کچھ قدیم کچھ اس کی اپنی دستکاری کے نمونے اور مختلف سانچے ہر وقت چمکتے دکھائی دیتے۔ آخر موسم سرما میں ایک شام میں نے کراخت کے اسٹوڈیو میں "اشاریت اور ابدیت" پر اپنا مضمون پڑھا تھا۔ حاضرین میں سے کچھ نیچے فرش پر بیٹھے تھے اور باقی آدھے گیلری میں گردنیں باہر نکالے دراز تھے۔

میرے مقالے کا بنیادی خیال یہ تھا کہ تاثرات داخلی ہوتے ہیں اور یہ کہ ان آوازوں اور رنگوں میں جنھیں ہم محسوس کرتے ہیں اور ان سے مطابق آواز و نور کے ان "ارتعاشات" کے درمیان جو دنیا میں ہمارے گرد ایک معروضی وجود رکھتے ہیں، فرق ہوتا ہے۔ میں نے اس خیال کو یوں آگے بڑھایا تھا کہ یہ داخلی تاثرات اور ان کے حصول کی صلاحیت کسی فرد واحد کی مخصوص صفت نہیں بلکہ وہ "فوق شخصی" اور "فوق نسلی" ہوتی ہے۔ نوعِ انسانی کی ایک عام ملکیت۔ میرا مفروضہ یہ تھا کہ ہر انسان اپنے پیچھے اس لازوال "نسلی داخلیت" کا اپنا حصہ چھوڑ جاتا ہے ـــــ وہ حصہ جس کا وہ اپنی زندگی میں حامل تھا اور جس نے اسے

انسانی تاریخ میں اپنا فرض ادا کرنے کے قابل بنایا۔

میرا مقصد یہ بتانا تھا کہ روح کے اس قطعی داخلی اور پھر بھی آفاقی دائرے میں فن اپنا دائمی موضوع اور میدانِ عمل پاتا ہے اور اگرچہ ہر انسان کی طرح فنکار بھی فانی ہے۔ لیکن وہ "مسرتِ حیات" جو اس کے تجربہ میں آتی ہے غیر فانی ہے اور صدیوں بعد بھی اس کی تحریروں کے ذریعہ دوسرے بھی اس کو کم و بیش اس کے ہی اپنے ابتدائی انتہائی نجی تجربہ کی شکل میں محسوس کر سکتے ہیں۔

میں نے اپنے مقالہ کو "اشاریت اور ابدیت" کا عنوان اس لئے دیا تھا کہ اس میں میرا ادّعا یہ تھا کہ جس طرح الجبرا میں علامات کی بات کرنا ممکن ہے اسی طرح ہر فن اپنے جوہر میں "ایمائی" ہوتا ہے۔

حاضرین نے میری باتیں دلچسپی سے سنیں اور بڑی رات گئے تک ہم اس پر بحث کرتے رہے۔ اسی رات جب میں گھر پہنچا ٹالسٹائی کی موت کی خبر ملی۔ سنا وہ یاسنایا پولیانہ سے گھر چھوڑ کر آستاپوو (ASTAPOVO) ریلوے اسٹیشن پہنچا تھا کہ یکایک بیمار پڑا اور چند روز بعد ہی وہیں اسٹیشن ماسٹر کے گھر میں اس کا انتقال ہوگیا۔

ٹیلیگرام کے ذریعہ میرے باپ کو فوراً آستاپوو طلب کیا گیا تھا چنانچہ ہم اسی وقت PEVELETSKY اسٹیشن روانہ ہوئے تاکہ رات ہی کی ٹرین پکڑ سکیں۔

. . . .

ان دنوں آج کے مقابلہ میں شہر اور دیہات میں بہت نمایاں فرق تھا۔ شہری حدود سے باہر نکلتے ہی ایک غیر معمولی فوری تبدیلی کا احساس ہوتا جدھر نظر جاتی مزروعہ اور غیر مزروعہ کھیتوں کا ایک بے کنار سلسلہ صرف یہاں وہاں درختوں کے جھنڈ میں چھپے ہوئے کچھ چھوٹے چھوٹے گاؤں دیہات کچھ منتشر آبادیاں، یہ روسی کسانوں کا ایک ہزار میل کا وسیع دیہاتی رقبہ تھا جن کی محنت اس وقت کے نسبتاً مختصر شہری علاقہ کی پرورش کرنی تھی۔

برف باری شروع ہوچکی تھی اور زمین پر ہر طرف ہی چاندی بکھری ہوئی تھی مگر کھیتوں کے کنارے کنارے سرحدوں پر برچ کے درختوں کا سونا ابھی برف پوش نہیں ہوا تھا اور ایک سنہری فریم کی طرح دکھائی دے رہا تھا۔ برف کی چاندی اور برچ کے سونے کے یہ قدرتی فریم اور ہلکے پھلکے زیور، دھرتی پر بکھرے ہوئے اس کے مقدس اور خاموش ماضی کی درخشانیوں کی یاد دلا رہے تھے، دریچہ سے باہر جتی اور بے جتی زمین خاموش پڑی چمک رہی تھی۔ کوئی زندگی سے گزر گیا اسے کچھ خبر نہ تھی۔ اپنے سے قریب اپنے ہی آخری شاہکار کی موت سے ناواقف۔ وہ ہستی جو نسل و خاندان کے لحاظ سے "زار" بننے کے لائق تھی اور جس کے ذہن کی سوفسطائیت، دنیا کی تمام شائستگیوں، نفاستوں اور لطافتوں سے زیادہ سیر حاصل لے تمام محبوبوں میں محبوب تر، تمام رئیسوں میں رئیس تر بنا سکتی تھی لیکن جس نے اپنی اسی دھرتی سے محبت اور اس سے ایک انتہائی بے لوث لگاؤ کی خاطر اس سب کے بجائے "ہل" کو ہی اپنایا، اسی سے اپنا رشتہ قائم رکھا

اور زندگی بھر کسان بنا رہا، ہمیشہ کسانوں ہی جیسے لباس میں اور انہی کی طرح صبح خیز، ہر وقت مستعد اور آمادہ۔

....

جو لوگ ٹالسٹائی کے آخری دیدار کے لیئے آئے تھے انھیں غالباً اس وقت تک کے لیئے باہر ہی روک دیا گیا تھا، جب تک کہ اس کی تصویر اور پلاسٹر سے چہرے کا چربہ نہ بن جائے کیونکہ ہم کمرے میں داخل ہوئے تو وہ بالکل خالی تھا۔

سوفیا آندریے فینا (SOFYA ANDREYEVNA) نے ہم کو آتے دیکھا تو کمرے کے دوسرے سرے سے تیزی سے آئے بڑھ کر میرے باپ کے دونوں ہاتھ تھام لیئے آنسو اس کے دونوں رخساروں پہ بہہ رہے تھے اور وہ بڑی بے قراری سے کہہ رہی تھی:

"اوہ! لیونڈ اوسی پاوچ (OSIPOVICH) یہ کیا ہوگیا! تم جانتے ہو، میں اُسے کتنا چاہتی تھی" اور پھر وہ ساری تفصیل سنانے لگی کہ جب ٹالسٹائی گھر سے چلا گیا تو اس نے کس طرح اپنے کو ڈبونے کی کوشش کی اور کس طرح لوگوں نے جھیل سے اُسے نیم مردہ حالت میں نکالا:

ٹالسٹائی کا وجود ایک محکم کوہسار کے مانند تھا یا اس طوفانی بادل کی طرح جو پورے آسمان پر چھایا ہو اور ٹالسٹائی کی بیوہ اس کا ایسا ہی ایک جزو تھی جیسے پہاڑ سے جُدا مگر اسی کی ایک بڑی چٹان یا بادلوں میں چمکتی ہوئی بجلی ـــ لیکن شاید اسے یہ پتہ نہ تھا کہ چٹان اور بجلی کی طرح اُسے بھی اپنی جگہ ساکت و خاموش رہنے کا حق حاصل تھا۔......اسے

ٹالسٹائیوں کے ساتھ — جو سب سے کہ ٹالسٹائی کے ساتھ کوئی قدر مشترک رکھتے تھے، بحث کرنے اور اُلجھنے کی کوئی ضرورت ہی نہ تھی' اُسے چاہیے تھا کہ ان کے بے معنی چیلنج کو بالکلیہ نظر انداز کر جاتی ..... مگر وہ ایسا نہ کر سکی اور اسی لیئے اب میرے باپ سے داد خواہ تھی۔ اسے شاہد بنانا چاہتی تھی کہ وہ اپنے شوہر پر ان سے کہیں زیادہ فدا تھی وہ اپنے "حریفوں" سے زیادہ اس کے ذہن و مزاج کو "سمجھنے کی صلاحیت رکھتی تھی اور یقیناً اس نے اس کی اس سے بہتر نگہداشت کی ہوتی جیسی انھوں نے کی۔

خدایا! یہ، اس، جا رہا تھا، ٹالسٹائی کی بیوی کو چھوڑ دیئے، کوئی ہو وہ اس حد تک نیچے کیسے گر سکتا ہے؟ یہ واقعی بہت عجیب ہے۔ ایک جدید نقاد نے اپنے جدید نقطۂ نظر کے ساتھ جس میں "ڈویل" ایک دقیانوسی اور مذموم رواج ہے، پشکن کے "ڈویل" اور اس کی موت پر ایک ضخیم کتاب چھاپی ہے — "بچارا پشکن!" اس نے — SHCHEGOLEV اور جدید "پشکنولوجی" سے اتحاد کیوں نہیں کیا؟ تب ہر چیز ٹھیک ٹھاک رہتی۔ وہ آج بھی زندہ رہا ہوتا اور اپنی ENGENXLTREGIN کے اور کئی سلسلے لکھے ہوتے اور صرف ایک کے بجائے پانچ "POLTAVAS" تخلیق کر سکتا۔"

....

لیکن وہاں کرے کے دوسرے سرے پر کوئی "محکم کوہسار" کوئی کوہ البرز نہیں تھا بلکہ صرف ایک جھریوں دار چھوٹا سا بوڑھا انسان، ٹالسٹائی کی اس کی اپنی کتابوں میں بکھرے ہوئے اس کے تخلیق کردہ درجنوں بوڑھوں میں سے

ایک بوڑھا جسم ـــ بستر کے گرد صنوبر کی ڈالیاں کھڑی تھیں اور پوری فضا ان کے سخت روئیں سے اٹی ہوئی تھی، ڈوبتے سورج کی روشنی ان کے کناروں کو چمکا رہی تھی اور کھڑکی کے سلاخوں کے سائے سورج کی ترچھی شعاعوں سے مل کر خاموش و ساکت جسم پر صلیب کا نشان بنا رہے تھے اور صنوبر کی ڈالیوں کی پرچھائیاں بھی جگہ جگہ خاموش جسم پر کتنی ہی چھوٹی چھوٹی بچکانہ صلیبوں کے نشان ابھار رہی تھیں۔

اس روز "آستا پوفو" کا اسٹیشن صحافت کا ہنگامہ خیز کیمپ بنا ہوا تھا اسٹیشن ریسٹورانٹ کا بازار گرم تھا۔ خدمت گاروں کے پاؤں جواب دے رہے تھے۔ وہ پلیٹوں میں کچے پکے گوشت کے ٹکڑے اور اُبلی ترکاریاں ڈالے بے تحاشہ اِدھر سے اُدھر دوڑ بھاگ رہے تھے پھر بھی اس وقتی مانگ کی پوری طرح تکمیل سے قاصر تھے۔ بیئر دریا کی طرح بہہ رہا تھا۔

اسٹیشن پر ٹالسٹائی کے دو لڑکے اِلیا (ILYA) اور آندرے (ANDREY) منتظر کھڑے تھے اور سرجی اسی ٹرین سے پہنچا جو ٹالسٹائی کے جسم کو "یاسنایا پالیانا" لے جانے بطور خاص آئی تھی۔

طالب علم اور دوسرے نوجوان "ENTERNAL MEMORY" گاتے تابوت اٹھائے اسٹیشن ماسٹر کے چھوٹے صحن، باغ اور پلیٹ فارم سے آہستہ آہستہ گذرتے ہوئے منتظر ٹرین تک پہنچے۔ تابوت گارڈ کی ویَن میں رکھا گیا، ماتمیوں نے جو پلیٹ فارم پر جمع تھے ٹوپیاں اُتاریں اور پھر گانے کی مدھم مدھم اداس آواز کے ساتھ ٹرین آہستہ آہستہ TULA کی طرف چل پڑی۔

ٹالسٹائی کا بالآخر آغوشِ مرگ میں آرام پانا بہرحال ایک فطری امر تھا

اور ایک زائر کی طرح یہ آرام اُسے اپنے سفر کے دوران روس کے اس ریلوے اسٹیشن سے قریب ہی نصیب ہوا جس پر سے اس کے کتنے ہی ہیرو اور ہیروئنیں گذری تھیں اور اس کے بعد بھی برابر گذرتی رہیں، اور ان کی نظریں ٹرین کی کھڑکیوں سے ہمیشہ ہی اس چھوٹے سے اسٹیشن کو دیکھتیں مگر اس سے بے خبر کہ یہیں وہ آنکھیں جنھوں نے انھیں دیکھا تھا، انھیں امر بنایا تھا، ہمیشہ کے لئے بند ہوئی تھیں۔

. . . .

اگر کسی ادیب کی صرف ایک ہی نمایاں ترین صفت بیان کرنی ہو جیسے لرمنتوف (LERMENTO) کے بارے میں ہم یہ کہیں کہ اس کی سب سے نمایاں ترین خصوصیت "گرمئ جذبات" ہے یا TYUTCHEV غیر معمولی دولت خیال رکھتا ہے، چیخوف کے پاس "شاعری" ہے گوگول کی خیرہ کن ذکاوت ہی اس کا وصف خاص ہے، دوستووسکی کا امتیاز اس کی "قوت متخیلہ" میں ہے تو ٹالسٹائی کے بارے میں ہم کیا کہیں گے؟

"ٹالسٹائی ایک معلم اخلاق تھا، ایک حامئ مساوات، ایک ایسے طرز انصاف کا پرچارک جو سب کے لیئے بلا استثنیٰ مساوی طور پر لاگو ہوسکے۔ تاہم اس کی سب سے نمایاں ترین صفت اس کی انوکھی "قوت تخلیق" تھی۔ ایک ایسی "جودت طبع" جو ناممکنات کی سرحدوں تک جا پہنچی ہے۔

وہ آخر وقت تک اس قابل رہا کہ کوئی واقعہ ہو، اسے بھرپور طور پر، ہر لمحہ کی اس کی اپنی جداگانہ مکمل قطعیت میں، ایک روشن ہر پہلو آشکارہ

خاکہ کی صورت میں دیکھ سکے' اس کی نظروں میں جو گیرائی تھی وہ ہمیشہ جس طرح ہر شئے کو دیکھ سکتا تھا اس طرح ہم آپ شاید ہی کبھی دیکھ سکتے ہیں۔ شاید ہی کبھی دیکھ سکتے ہیں۔۔۔ شاید صرف خاص خاص لمحوں میں، مثلاً بچپن میں' یا خوشی کی اس معراج میں جو دنیا کو مجسّم حیاتِ نوبخشش دیتی ہے یا کسی عظیم روحانی فتح کی مسرت کے لمحے میں..... ایسی "دیدہ وری" جو زندگی میں ہر وقت ساتھ رہے ہر کسی کو نصیب نہیں ہوتی۔ اس دید کے لئے آنکھ غیر معمولی شدتِ شوق کی رہنمائی چاہتی ہے۔ ایک شوقِ بے نہایت کا شعلۂ جوالہ ہی "مقصود" کو چمکاتا ہے اور اس کی "روحیت" کو بڑھاتا۔ یہی اور یہ "شوق" یہ "ولولۂ عشق" یہ "محویتِ تخلیق" ٹالسٹائی کے اندر پیہم موجود رہیں اور یہ اس کی تجلی تھی کہ وہ ہر چیز کو ہمیشہ اس کی خلقی تازگی میں دیکھ سکتا تھا' ہر دم ایک نئے انداز سے جیسے کہ وہ اُسے پہلی بار دیکھ رہا ہو۔ اس کی نظر کا "کھرا پن" ہماری طبعی عادتوں سے کچھ اتنا ماورا ہے کہ وہ ہمیں بڑی انوکھی ایک چیز معلوم ہوتا ہے لیکن وہ خود کبھی اس "انوکھے پن" کا متلاشی نہیں رہا' نہ اس نے کبھی اس کو اپنا "مقصود" بنایا اور ایک ادبی صنعت کے طور پر تو اس نے اسے بہت ہی کم استعمال کیا۔

چوتھا باب

پہلی جنگ عظیم

۱۹۱۲ء کی بہار اور موسم گرمائیں نے باہر گزارے۔ ہماری گرمیوں کی چھٹیاں مغربی یونیورسٹیوں کی گرمائی میقات کے مماثل تھیں جس کی وجہ سے مجھے یہ ایک اچھا موقعہ مل گیا کہ میں انہیں ماربرگ (MARBURG) کی قدیم یونیورسٹی میں گزار سکا۔

لومونوسوف (LOMONOSOV) نے اسی یونیورسٹی میں کرسچین وُولف جیسے عظیم فلاسفر اور ہندسہ دان سے تعلیم پائی تھی اور وہیں ڈیڑھ صدی قبل گیور دانو برونو (GIORDONO BRUNO) روم واپس ہوتے ہوئے وطن پہنچنے اور دار پر چڑھائے جانے سے پہلے اپنے نئے نظام فلکیات پر مقالہ پڑھنے رُکا تھا۔

ماربرگ دورِ وسطیٰ کا ایک چھوٹا سا نہایت ہی خوش منظر قصبہ تھا ایک پہاڑی کے نشیب و فراز میں، اندھیری راتوں کی طرح، گنجان جھاڑیوں اور گھنے باغوں میں چھپا ہوا جس کے گھر، کلیسا، دکانیں، یونیورسٹی، کالج اور

قلعہ سب اسی پہاڑی کے پتھر تراش کر تعمیر ہوئے تھے اور ان دنوں اس کی آبادی صرف ۲۹ ہزار تھی جس میں تقریباً نصف طالب علم تھے۔

جرمنی میں اپنے اس قیام اور پڑھائی کے دوران ہی میں نے وینس کی کی بھی سیر کی خشتی گلاب جیسا اور ساحل سمندر کے شفاف سنگ ریزوں کے مانند نیلگوں وینس! اور ڈانٹے کے تصور کا مجسم فلارنس! دھواں دھواں سا، حسین و مستور، میں نے اس کی بھی سیر کی لیکن روم کی عظمت نہ دیکھ سکا کیونکہ اس وقت تک جیب بالکل خالی ہو چکی تھی۔ اس کے اگلے سال میں نے ماسکو کے ڈگری کورس میں شرکت کی۔ اس ضمن میں ایک نوجوان روسی مورخ مانسوروف (MONSOROV) نے جو اسی یونیورسٹی میں مجھ سے اعلیٰ جماعتوں کا طالب علم تھا، میری بہت مدد کی۔ اس نے پچھلے سالوں کی اپنی بہت ساری کتابیں مجھے عاریتاً دیں۔ اس کی پروفیسرانہ لائبریری میں ممتحنین کو مطمئن کرنے کے لیئے ضرورت سے زیادہ کتابیں موجود تھیں، صرف عام نصابی کتابیں ہی نہیں بلکہ اور بھی دوسری بہت ساری قدیم اور حوالہ کی کتابیں اور خاص خاص موضوعات پر مختلف رسالے میگزین وغیرہ بھی ـــــ یہ ساری دولت اتنی وافر تھی کہ جب میں اسے اپنے گھر لے جانے لگا تو ایک پورا چھکڑا بھی کافی نہ ہوا۔

مانسوروف کے دو دوست تھے جو اس کے رشتہ دار بھی ہوتے تھے۔ ایک نوجوان نکولائے ٹروبٹسکی (NIKOLOY TRUBETSKY) اور دوسرا ڈمٹری سامارین (DIMITRY SAMARIN)۔ ان سے میں پہلے اسکول میں بھی مل چکا تھا جہاں وہ خانگی طور پر امتحان دینے آئے تھے۔

ٹروبٹسکی خاندان کے دو اور زیادہ معمر رکن بھی اسی یونیورسٹی میں تھے۔ ایک تو خود نکولائے کا باپ، جو شعبۂ قانون کا صدر تھا اور دوسرا اس کا چچا جو ناظم جامعہ کے عہدہ پر مامور تھا اور مشہور فلاسفر بھی تھا۔ یہ دونوں ہی غیر معمولی جُثّے کے بھاری بھرکم انسان تھے۔ ڈائس پر آتے تو بالکل ہاتھیوں کی طرح بھد بھد کرتے، ڈھیلے ڈھالے ڈھلڈھلے کوٹ پہنے مگر اپنے مخصوص اشرافیہ انداز میں عجیب ملتجی سے لہجہ اور مکھیوں کی طرح بھنبھناتی آواز میں وہ نہایت عمدہ لکچر دیتے۔

ایک خاندان کے ان تین افراد میں ایک خاندانی مشابہت نمایاں تھی۔ تینوں طویل القامت، جڑواں بھویں اور بے حد ذہین۔ ان کا "اتحادِ ثلاثہ" پوری یونیورسٹی میں مشہور تھا۔ وہ کم و بیش ہر وقت ساتھ ساتھ نظر آتے۔

فلاسفی میں ماربرگ کے مکتبِ خیال کی ان کے حلقہ میں بہت قدر و منزلت تھی۔ نکولائے کا چچا ہمیشہ اپنے ذہین طالب علموں کو ماربرگ یونیورسٹی کی فلسفہ کی جماعتوں میں شرکت کی ترغیب دیا کرتا۔

سامارن جو مجھ سے پہلے سے وہاں تھا ماربرگ یونیورسٹی کا دلدادہ تھا اور اس کے مشورہ اور اصرار پر ہی میں وہاں گیا تھا۔

سامارن کا تعلق (SLAVOPHIL) کے مشہور خاندان سے تھا۔ ماسکو کے قریب اس کی بہت بڑی جائداد تھی جہاں آج پریڈلنکو (PEREDELINKO) ادیبوں کی بستی اور بچوں کا سینی ٹوریم قائم ہے۔

جدلیات، فلسفہ اور ہیگیلین علم گویا اس کی گھٹی میں پڑا تھا ایک خاندانی تحفہ کی طرح۔ وہ عجیب منتشر مزاج انسان تھا، ہر وقت کھویا کھویا سا غائب

دماغ، ضرور وہ تھوڑا سا پاگل بھی تھا۔ کبھی کبھی اس کا "پاگل پن" اس کے اکثر دوستوں کو بوکھلا دیتا اور جب کبھی اس پر کوئی سنک سوار ہوتی تو سچ مچ اس کے ساتھ رہنا ناممکن ہو جاتا۔ اپنے رشتہ داروں سے وہ ہمیشہ ہی لڑتا جھگڑتا رہتا۔ اور وہ بیچارے اگر اس کا ساتھ نہیں دے سکتے تھے تو اس میں ان کا کوئی قصور نہ تھا۔

نئی معاشی پالیسی (NEP) کے آغاز پر ہی سامارن انتہائی پریشان حال اپنی ساری "سوفسطائیت" کو بالائے طاق رکھے بکسر عفو و درگذر بنا ہوا سائبیریا سے لوٹا جہاں وہ خانہ جنگی کے زمانہ میں ایک عرصہ تک ہر طرف سے دھکے کھاتا رہا تھا اور جب وہ کسی نہ کسی طرح بہ ہزار دقت طویل مسافتوں کو طے کر کے ماسکو پہنچا تو حالت یہ تھی کہ فاقوں سے اسکا سارا جسم سوجا ہوا تھا اور سر سے پاؤں تک جوئیں بھری ہوئی تھیں۔ ماسکو پہنچ کر وہ ٹائیفس میں مبتلا ہوا اور بہت جلد اسی میں ختم ہو گیا۔

مالسروف کا کیا حشر ہوا مجھے پتہ نہیں البتہ ماہر لسانیات نکولائے ٹروبٹسکی نے میں جانتا ہوں عالمی شہرت پائی اور ابھی حال میں ویانا میں اس کا انتقال ہوا۔

....

آخری امتحان کے بعد گرما کی چھٹیاں گذارنے میں مولوڈی کے اپنے آبائی بنگلہ (داچہ) میں چلا گیا جو ماسکو کرسک لائن پر اسٹول بوفایا (STOL-BOVAYA) اسٹیشن کے قریب تھا۔ اس گھر کے بارے میں یہ روایت عام تھی کہ نپولین بوناپارٹ کے ہراول دستوں کے مقابل کا سکون نے جو ہماری پسپا ہوتی ہوئی فوج کا حصہ

تھے۔' اسے اپنی 'کمین گاہ' بنایا تھا۔ پارک کے دوسرے سرے پر قبرستان میں ان کی ٹوٹی پھوٹی قبروں کے نشان اب بھی کچھ باقی تھے۔

ہمارے اس آبائی مکان کے کمرے اونچائی کی مناسبت سے بہت ہی تنگ اور پتلے تھے اور کھڑکیاں بہت لانبی لانبی سی۔ رات کو لیمپ کی روشنی سے چھت اور ارغوانی رنگ' دیواروں پر اس کی جو پرچھائیاں اُبھرتیں بالکل ایسا لگتا "شیطانی سائے" رقص کر رہے ہوں۔

پارک کے پائیں میں ایک بل کھاتی ہوئی چھوٹی سی ندی بھی تھی جس میں کئی بہت خطرناک گہرے بھنور تھے اور اس پر بالکل سر کے بل جھکا ہوا برچ کا ایک بہت ہی پرانا درخت تھا جس کی جڑ آدھی اُکھڑ چکی تھی پھر بھی وہ بڑھے جا رہا تھا۔

بہتے پانی کے اوپر بیچ ہوا میں معلق اس کی کچھ آپس میں گتھی ہوئی اُلجھی اُلجھی دبیز سرسبز شاخوں نے ایک اچھا خاصا "سمر ہاؤس" بنا رکھا تھا جس میں کوئی چاہے تو بڑے آرام سے لیٹ یا بیٹھ سکتا تھا۔ میں نے اسی "قدرتی آشیانہ" کو اپنی گوشک بنایا۔ وہیں بیٹھ کر میں نے TYUCHEV کو پڑھا اور زندگی میں پہلی مرتبہ' صرف گاہے گاہے نہیں بلکہ پابندی سے متواتر شاعری کی۔ بلا ناغہ ہر روز جیسے لوگ تصویر بناتے ہیں یا راگ اور نغمے لکھتے ہیں.... میری پہلی کتاب کی تقریباً ساری نظمیں گرما کی انہی دو تین مہینوں کی یادگار ہیں جو سب میں نے اپنے اسی "بلند آشیانہ" میں بیٹھ کر لکھی تھیں اور احمقانہ شیخی میں اپنے اس پہلے مجموعہ کا نام میں نے.. TWIN IN THE CLOUDS رکھا۔ یہ دراصل اس وقت کے "اشارت نگاروں" کی "کائناتی ابہامیت" کی نقل تھی اور طاشردوں کا اثر۔

ہجوم سے دور اپنے بلند آشیانے کی تنہائیوں میں نظمیں لکھنا' بار بار انھیں

کاٹنا چھانٹنا پھر بنانا، مٹی ہوئی سطروں کو پھر سے درست کرنا۔ یہ میری "ضرورت" اور میری "خوشی" تھی۔ ایسی خوشی جو دنیا کی اور کسی چیز سے مجھے حاصل نہیں ہوسکتی تھی اور جس کے گہرے تاثر سے اکثر خود میری اپنی آنکھیں نم ہو جاتیں۔

میں امکان بھر "شاعرانہ غمزوں" سے ہمیشہ دور رہا۔ میں نے کبھی اس کی ضرورت محسوس نہ کی کہ کسی پلیٹ فارم پر کھڑے ہوکر اپنی شاعری کا ڈھنڈورہ پیٹوں، اپنے اشعار کا نقارہ بجاؤں اور ان کی "بربریت" اور "سوقیت" پر شدتِ غیض وغضب سے ذی فہم دانشوروں کے رونگٹے کھڑے کردوں نہ ہی میں نے کبھی کسی مختصر حلقے میں چند منتخب لوگوں کے سامنے انھیں پڑھنا چاہا کہ ان سے اپنی "سالمیت" اور دیانت داری" پر مبارکباد پاؤں۔ نہ کبھی اس کی ضرورت محسوس کی کہ اپنے کلام کی محتاط شائستگی سے سربلند و "عقلیت پرست" خواتین پر کمال مسرت وسرخوشی کی غشی طاری کروں۔ نہ ہی مجھے ایسی مستانہ اور سرور آگیں دھنیں یا گیتیں بنانے کا شوق تھا جو سننے والوں کے دست و پاکو تقریباً الفاظ کی مدد کے بغیر ہی ایک "رقص مستانہ" میں لے آتی ہیں اور ایک عجیب "البیلے ناچ" پر آمادہ کردیتی ہیں۔ میرے "اظہارات" نہ کسی چیز کے خلاف تھے نہ شاعری میں میری تصویر کشی یا عکاسی کسی "ردِ عمل" کا نتیجہ تھی۔

یہ تو بہت بعد کی بات ہے کہ لوگوں نے میرے اور میکا وسکی ( ) کے درمیان ایک طرح کی مشابہت پیدا کرنے کی کوشش کی۔ میرے صوتی اور لسانی جوہر کو پرکھا اور اس پر مجھے خراج تحسین ملا۔ لیکن خود مجھے اس میں بہت کم سچائی نظر آتی ہے۔ میں اُسے اپنا کوئی جوہر خاص نہیں سمجھتا۔ یہ چیز تو آپ کو ہر اس شخص کے پاس ملے گی جو الفاظ کا استعمال کرتا ہے۔ میری اپنی تمامتر توجہ

معانی کی طرف رہی ہے۔ اور میری ہمیشہ یہی تمنّا رہی کہ میری ہر نظم بجائے خود اپنے ایک " CONTENT " کی حامل ہو۔ اس میں کوئی ایک نیا خیال، ایک نیا تصوّر ہو جو اپنے تمام تر انفرادی کردار کے ساتھ صفحۂ قرطاس پر یوں نقش ہو کہ اسکی "زبان بے زبانی" بھی گفتگو بن جائے جو اپنے خاموش سیاہ چھاپہ میں بھی اپنے تمام مختلف رنگوں کے ساتھ خود زبانِ حال سے بولتی سنائی دے۔ چنانچہ "وینس" ایسی ہی میری ایک نظم ہے اور ایک دوسری "ریلوے اسٹیشن"۔۔۔۔

جب میں یہ نظمیں لکھ رہا تھا تو میرے سامنے کیا تھا؟ میری نظریں کیا دیکھ رہی تھیں؟ سطحِ آب پر آباد ایک شہر، آٹھ کے ہندسے اور اس کی پرچھائیوں کے مٹتے بنتے، گھٹتے بڑھتے دائرے، ایک چائے میں بھیگے ہوئے بسکٹ کی طرح اُبھرتے ہوئے۔۔۔ اور ریلوے اسٹیشن کا وہ فاصلہ جہاں پٹریاں اور پلیٹ فارم بادلوں اور دھوئیں میں ضم ہو جاتے ہیں اور ٹرینیں حدِ نظر سے گذر جاتی ہیں اور "حدِ نظر" کا "خط فلکی" وصل و فراق، ملاقات و جدائی کے محل و مقام اور ماقبل و مابعد ہر واقعہ کی تاریخ کو ختم کر دیتا ہے۔

جب میں اِن نظموں کی تخلیق کر رہا تھا مجھے نہ اپنی پروا تھی نہ اپنے قارئین کی، نہ کسی نظریۂ فن کی۔ میں تو بس یہ چاہتا تھا کہ ایک نظم شہرِ وینس کی حامل ہو اور دوسری BREST ریلوے اسٹیشن کی (جو اب بائیلو روسی بالٹک کہلاتا ہے)

بابروف کو میری یہ نظمیں بہت پسند تھیں۔ اس نے اور آسیفیف (ASE) ZA 1) نے مجھ جیسے نیدیوں کے ساتھ مل کر امدادِ باہمی کے اصولوں پر ایک چھوٹا [illegible] اشاعت گھر قائم کیا تھا۔

بابروف روسی آرکائیوز (RUSSIAN ARCHIVES) میں کام کر چکا تھا اور فنِ طباعت کا اچھا علم رکھتا تھا۔ اس نے اپنی اور ہماری کتابیں چھاپیں۔ میری "TWIN" آسیفیف کے دوستانہ تعارف کے ساتھ پہلی بار اسی مطبع سے چھپی تھی... مگر BALTRUSHAYTIS شاعر کی بیوی نے میرے اس مجموعہ کو بالکل پسند نہیں کیا۔ اس نے مجھ سے صاف صاف کہا کہ میری شاعری ابھی بہت خام تھی اور یقیناً ایک دن مجھے خود افسوس ہوگا کہ میں نے اس کو کیوں شائع کروایا...... اور مجھے اعتراف ہے کہ سچ مچ میں نے اکثر اس پر افسوس کیا ہے۔

....

۱۹۱۴ء کی شدید گرمیوں' میں' میں BALTRUSHAYTIS خاندان کے ساتھ تھا۔ ان کے لڑکے کے معلّم کی حیثیت سے۔ الکزی (ALEXI) قصبہ کے قریب ساحل اوکا (OKA) پر ان کی بہت بڑی جاگیر تھی۔

اسی زمانے میں میں نے KLEIST (کلیست) کی ایک کامیڈی "شکستہ مرتبان" کا ترجمہ کیا۔ یہ کام مجھے ایک نو بنیاد اسٹوڈیو تھیٹر کی طرف سے تفویض ہوا تھا جس کا ادبی مشیر بالٹروشا (BALTRUSHAY) تھا۔ ہم سے قریب ہی تاروسا (TARUSA) میں بالمونٹ (BALMONT) اسی اسٹوڈیو تھیٹر کے لیئے کالیداس کی شکنتلا کے ترجمے میں مشغول تھا۔ اس کے علاوہ اور بھی کئی لوگ اس جاگیر میں ایسے تھے جو واقعی فن اور ادب سے شغف رکھتے تھے جیسے شاعر VYACHESTAV IVANOV پینٹر یولیوموف ULYOMOV اور میورو ٹوف MUVOTOV ادیب اور اس کی بیوی وغیرہ۔

اسی زمانے میں مجھے فوجی بھرتی کے سلسلہ میں جولائی کے مہینے میں ایک بار ماسکو جانا پڑا لیکن بچپن کے حادثہ کی وجہ سے میرے پاؤں میں جو لنگ آگیا تھا اس بنا پر اس دفعہ بھی مجھے مستثنیٰ قرار دیا گیا۔

ماسکو سے لوٹے ابھی زیادہ دن نہیں گذرے تھے کہ ایک شام "اوکا" میں ایک بڑا عجیب واقعہ پیش آیا۔ بڑی دیر تک دریا کے اس پار سے ایک فوجی میوزک کی سی نہایت دبی دبی مدھم مدھم سی آواز ہمارے کانوں میں آتی رہی، جیسے کوئی بہت دور "ترانۂ رحیل" گا رہا ہو۔ لیکن ہماری نظریں بانس کے جھنڈ سے لپٹے ہوئے کہرے کے سوا اور کچھ دیکھ نہ سکیں...
ہم ابھی اس عجیب پُراسرار "صدائے رحیل" پر غور ہی کر رہے تھے کہ جیسے آناً فاناً، پانی میں دُور تک چلی گئی ایک چٹان کے پیچھے سے ایک چھوٹا اسٹیمر تین کشتیوں کو اپنے پیچھے کھینچتا نمودار ہوا۔ جہاز کے مسافروں نے غالباً ہمارا بنگلہ دیکھ لیا جو پہاڑ کی بلندی پر تھا کیونکہ اب ہم نے دیکھا اسٹیمر راستہ کاٹ کر کشتیوں کو کھینچتا سیدھا ہمارے ساحل کی طرف بڑھ رہا تھا اب ہمارے لیئے یہ جاننا مشکل نہ تھا کہ وہ معاون پیادہ فوج کا ایک دستہ تھا۔

جہاز ساحل کے قریب آکر رُکا اور دیکھتے ہی دیکھتے پہاڑی کے دامن میں کئی کیمپ، الاؤ روشن ہوگئے۔ افسروں کو ہمیں اوپر مکان میں ٹھہرانا اور ان کی مہمانداری کرنی پڑی۔ وہ صرف رات کی رات وہاں رُکے تھے ــــ دوسری صبح وہ سب پھر روانہ ہوگئے۔ جنگ کی تیاریوں میں فوجی مارچ کا یہ پہلا واقعہ ہماری نظروں سے گزرا تھا۔

اس کے چند ہی روز بعد جنگ چھڑ گئی۔

....

اس کے بعد تقریباً ایک سال تک میں ایک دولت مند سوداگر مورٹز فلپ (MORITZ PHILIP) کے لڑکے کا معلم رہا۔ میرا یہ شاگرد والٹر بڑا حسین اور محبت والا لڑکا تھا۔

اسی سال موسم گرما میں جب مخالف جرمنی مظاہروں کا بازار گرم ہوا اور بلوائیوں نے " EINEM اور FERREIN " جیسی فرموں پر حملے بولنا شروع کیے تو اس ہنگامہ میں فلپ کے دفتر اور اس کے ذاتی مکان کو بھی لوٹ کھسوٹ کر برابر کر دیا۔

یہ حملے باقاعدہ منصوبہ کے تحت اور پولیس کے علم میں ہو رہے تھے اور ایسا لگتا تھا صرف کچھ مالکوں اور آجرین کی جائدادوں کو ہی لوٹنا مقصود تھا کیونکہ تاجرین اور مزدوروں کی ملکیت کو کہیں بھی کسی نے ہاتھ تک نہیں لگایا چنانچہ میری بھی تمام چیزیں بالکل محفوظ رہیں۔ البتہ میری کچھ کتابیں اور مسودے ضرور اس گڑبڑ میں تباہی کی نذر ہوئے۔ بعد میں زیادہ پرامن حالات میں بھی میں نے اپنے بہت سے مسودے گم کیے۔

مجھے ۱۹۴۰ء سے پہلے کا اپنا اسٹائیل بالکل پسند نہیں جس طرح میکاؤسکی کی شروع کی آدھی سے زیادہ نظمیں اور " JESENIN " کی بھی کچھ چیزیں میری نظر میں نہیں جچتیں۔ اسی طرح میں اپنی ان دنوں کی اُکھڑی اُکھڑی بے ترتیب ردی زبان، نادار و غریب خیال اور انتشاری شکلوں کو کچھ بہت زیادہ پسند نہیں کرتا۔ اس لئے مجھے اپنی اچھی کامیاب تحریروں

کے گم ہونے کا بھی کوئی خاص افسوس نہیں (گو اس کا سبب دوسرا ہی ہے) کیونکہ میں سمجھتا ہوں زندگی میں کھونا پانے سے زیادہ اہم ہے۔ جب تک بیج مرتا نہیں پھل نہیں دیتا..... ہم کو چاہیئے ایک بے تکان زندگی کریں ـ مستقبل پر نظریں لگائے، زندگی کے ان محفوظ سرچشموں سے فیض حاصل کرتے جو صرف یادوں سے تخلیق نہیں پاتے بلکہ فراموشی بھی ان کی تخلیق میں حصہ رکھتی ہے۔

مختلف اوقات میں اور مختلف وجوہات کی بنا پر میں نے زندگی میں بہت کچھ کھویا "اشاریت اور ابدیت" پر اپنا مقالہ بھی گم کر دیا اور کتنی ہی اور چیزیں بھی جو میرے "نیو چیر شک" دور کی یادگار تھیں مثلاً بچوں کے لیے نثر میں ایک کہانی (پریوں کی) دو نظمیں، ایک پوری بیاض جو میری "ABOVE THE BARRIERS" اور "MY SISTER LIFE" کے درمیان جگہ پا سکتی تھی، ایک ناول کا تقریباً پورا مسودہ (سوائے پہلے باب کے جسے میں نے نظر ثانی کے بعد "لووِرس کا بچپن" کے نام سے ایک مختصر کہانی کی صورت میں شائع کروایا) اور میری اسٹوارٹ پر سوئنبرن کے تین المیہ ڈراموں میں سے ایک کا پورا ترجمہ.... مگر یقین مانیئے ان کی گمشدگی کا بھی مجھے کوئی غم نہیں۔

مخالف جرمن ہنگاموں کے ختم پر جب فلپ گھرانہ اپنے آبائی مکان سے جو لوٹا اور جلایا جا چکا تھا۔ ایک آراستہ فلیٹ میں منتقل ہوا تو میں بھی ان کے ساتھ وہیں آ گیا۔ مجھے اپنا وہ کمرہ اور وہ شام آج بھی یاد ہے۔

موسم خزاں کے ڈوبتے سورج کی کرنیں پورے کمرے میں نور کا ایک سنہرا جال سا بُن رہی تھیں اور شام کے ہلکے گلابی سائے اس کتاب کے صفحوں پر جس کی میں ورق گردانی کر رہا تھا، اپنا عکس ڈال رہے تھے اور شام

ہی، اپنے ایک دوسرے رُخ میں۔ ان نظموں کا موضوع، ان کا دل ان کی روح تھی جو اس کتاب میں یکجا تھیں۔ مجھے لکھنے والے کی ثروت، سادگی اور اس میں مضمر حقیقت پر رشک آرہا تھا۔

یہ AKHMATOVE کی ابتدائی نظموں کا ایک مجموعہ تھا۔ غالباً اِس کی "PLANTAIN" کا۔

. . . .

اسی زمانے میں جب میں والٹر کے معلّم کی حیثیت سے فلپ گھرانہ کے ساتھ مقیم تھا، مجھے کچھ وقت یورال اور کاما ضلع میں بھی گذارنے کا موقع ملا۔ چنانچہ ایک موسم سرما میں نے پَرم کے شمال میں VSEVOL ODOVVI LVA میں گذارا جہاں ایک بار چیخوف اور لیوی ٹان LEVITAN بھی کچھ عرصہ تک رہے تھے جس کا — TIKHONOV نے اپنی "یادداشت" میں ذکر کیا ہے۔

اور دوسرا موسم سرما میں، میں نے تیخی (TIKHY) پہاڑ پر بسر کیا جہاں "کاما" کے قریب یوشکوف کیمیکل فیکٹری میں مجھے عارضی طور پر کچھ کام بھی مل گیا تھا۔ . . . یہاں کچھ عرصہ تک فوج میں بھرتی کے لائق ان نوجوانوں کے حالات و واقعات کی جانچ پڑتال بھی میرے ذمّہ رہی جو فیکٹری کی — "محفوظ اسامیوں میں سے تھے اور میں نے تقریباً ان تمام امکانی رنگروٹوں کو خلاصی دے دی۔

موسم سرما میں بیرونی دنیا سے ربط قائم رکھنے کے۔ نئے یورال کی فیکٹریوں میں اس وقت تک ابھی خبر رسانی کے ماقبل تاریخی ذرائع استعمال ہوتے

تھے۔ قازان کے دوسو میل طویل فاصلہ سے، اب بھی جیسے "کپتان کی لڑکی" کے زمانہ میں، آپ نے پڑھا ہوگا، ٹرائیکا (TROIKA) کے ذریعہ ہی ٹپہ رسانی کا کام انجام پاتا تھا۔ ایک مجھے بھی اس "سفر" کے انوکھے تجربہ کا اتفاق ہوا۔ مارچ ۱۹۱۷ء میں جب پیٹرسبرگ کے انقلاب کی خبر ہماری فیکٹری تک پہنچی اور مجھے فوراً ماسکو روانہ ہونا پڑا تو میں نے اسی ٹرائیکا (TROIKA) کے ذریعہ وہ فاصلہ طے کیا۔ ایک پوری رات اور دوسرے دن بھی بڑی دیر تک ہم ٹھنی پہاڑ پر سے برف گاڑی کی ایک چھوٹی ویگن میں بند نیچے کی طرف پھسلتے رہے۔ سر سے پاؤں تک تین تین موٹی موٹی پوستینوں میں لپٹا اور پیال میں گھسا ہوا، میں ویگن کے فرش پر بالکل ایک تھیلہ کی طرح بے بسی سے اِدھر اُدھر لڑھک رہا تھا۔ کبھی اونگھتا کبھی سوتا اور پھر جاگتا۔ مستقلاً ایک عجیب سوتی جاگتی حالت میں آنکھیں بند کرنے اور کھولتے ہوئے۔

برفیلی رات، صحرائی راستہ اور ستارے، یہاں وہاں تنگ راستوں پر برف کے انبار اونٹ کے کوہانوں کی طرح اُبھرے ہوئے ... ہماری ویگن وقتاً فوقتاً صنوبر کی شاخوں میں اُلجھتی، ان کو چیرتی، ان کی شاخوں پر ٹھیری برف کو فضا میں بکھیرتی، شور مچاتی آگے بڑھ رہی تھی۔ زمین پر پڑی برف کی چادر سے منعکس ہوتی ہوئی ستاروں کی روشنی راستہ کو چمکا رہی تھی لیکن صحرا کی گھنی تاریکی میں برف کا چمکتا ہوا "چغہ" بڑا مہیب دکھائی دے رہا تھا کبھی کبھی تو ایسا لگتا جیسے پورے صحرا میں کسی نے آگ لگا دی ہو ــــ تین گھوڑے ایک کے پیچھے ایک جُتے ہوئے ایک قطار میں دوڑے چلے جا رہے

تھے، لڑکھڑاتے، ڈگمگاتے اور کوچوان ان کی باگیں کھینچے جو گتا بیٹھا تھا۔ جوں ہی ویگن کسی ایک طرف کو جھکتی یا اُلٹنے لگتی وہ جست لگا کر نیچے اترتا اور اُسے ایک طرف سے کاندھے کا سہارا دیئے ساتھ دوڑنے لگتا تاکہ وہ بالکل ہی اُلٹ نہ جائے... وقت کا احساس بھی جیسے مٹتا جا رہا تھا میں شاید پھر سو گیا تھا کہ دفعتاً ایک زور کا جھٹکا اور پھر ہر حرکت کے فوری ٹھہراؤ نے مجھے بیدار کر دیا۔

جنگل میں گاڑیوں کا اڈا بالکل ایسا لگ رہا تھا جیسے کسی پریوں کی کہانی میں قزاقوں کا کیمپ۔ ایک جھونپڑی میں چراغ جھلملا رہا تھا، دیوار پہ ایک گھڑیال ٹِک ٹِک کر رہی تھی اور سماور میں پانی سنسنا رہا تھا... جتنے ہمارا پہلا کوچوان، میزبان خاتون سے جو اس کے لیے کھانا بنا رہی تھی، سرگوشی میں باتیں کرے "تاکہ اوٹ کے اس طرف سوئے ہوئے لوگ جاگ نہ جائیں، نئے کوچوان نے اپنے ہونٹ اور مونچھیں خشک کیں، کوٹ کے بٹن لگائے۔ اور باہر نئی گاڑی جوتنے چلا گیا۔ اور پھر گھوڑے دوڑنے لگے برف گاڑی، برف پر پھسلتی ہوئی، سیٹیاں سی بجانے لگی اور میں پھر اونگھتے اونگھتے سو گیا... پھر صبح نمودار ہوئی.... دوسرا دن... اور دور فیکٹری کی چمنیاں اُبھریں اور ایک منجمد دریا کا بے کنار برفیلا ریگستان سا اور ایک ریلوے لائن دکھائی دی۔

.. - .....

میرے ساتھ بالبوروف (BABROV) کا برتاؤ غیر ضروری حد تک گرمجوشانہ تھا جس کا میں کسی طرح بھی مستحق نہ تھا... ایک "فیوچرسٹ کی

حیثیت سے میری "سالمیت" کا وہ ایک انتھک نگہبان بنا ہوا تھا اور مجھے ہر نقصان دہ اثر سے بچانا اپنا فرض سمجھتا تھا اور یہ "نقصان رساں اثرات" اس کی نظر میں میرے بزرگوں کی ہمدردیاں تھیں ... وہ ڈرتا تھا کہیں ایسا نہ ہو ان کی ہمدردیاں مجھے "علمی راستہ" پر ڈال دیں۔ جہاں کہیں وہ کسی کو مجھ سے ذرا سی بھی دلچسپی لیتے دیکھتا تو فوراً میرے بچاؤ اور "نجات" کے لئے اٹھ کھڑا ہوتا اور جس طرح بھی ممکن ہوتا اس "خطرناک تعلق" میں رخنہ ڈال کر مجھے اپنا ممنونِ احسان بناتا۔

بھلا ہو اس کی "نوازشوں" کا کہ مجھے ہمیشہ ہی ان لوگوں سے قطع تعلق کئے رہنا پڑتا جن سے مجھے گہرا لگاؤ ہوتا اور جو مجھ سے واقعی دلچسپی رکھتے تھے۔ مثال کے طور پر، جولین انیسموف اور اس کی بیوی ویرا اسٹاتیوچ VERA-STAVEVICH سے میرا گہرا دوستانہ تھا۔ میں انہیں بحد عزیز رکھتا تھا اور وہ بھی مجھے بہت چاہتے تھے مگر بابوروف کا ان سے کچھ جھگڑا تھا اور اس نے کسی نہ کسی طرح مجھے بھی اپنے اس جھگڑے میں کھینچ لیا یہاں تک کہ مجھے بھی ان کی دوستی سے ہاتھ دھونا پڑا.... اسی طرح ایک اور واقعہ ... ویاسسلوف ایوانوف (VIACHESLA IVANOV) نے ایک بار اپنی کوئی کتاب مجھے "ہدیۃً" دی تو اس پر ایک بہت ہی موثر دوستانہ انتساب لکھا ... بابوروف نے بریوسوف (BRYUSOV) حلقہ میں اس کا کچھ اس طرح چرچا کیا اور لوگوں کو یہ باور کرنا چاہا کہ گویا میں نے خود ایوانوف کو اس قسم کے انتساب کے لیئے مجبور کیا ہو ... ظاہر ہے غریب ایوانوف کو یہ بہت بُرا لگا اور جب وہ پھر مجھ سے ملا تو ایسا انجان بن گیا جیسے مجھے جانتا ہی نہ ہو۔

اسی طرح ایک بار "ہمعصر" نامی ایک مجلّہ نے KLEIST کی کامیڈی "شکستہ مرتبان" کا میرا ترجمہ چھاپا .... میرا یہ ترجمہ بہت ہی پُھسپُھسا اور کچا تھا۔ مجھے اس مجلّہ کا شکر گذار اور احسان مند ہونا چاہیئے تھا کہ اس نے اسے قابل اشاعت سمجھا اور اپنے صفحات پر اُسے جگہ دی اور اس سے زیادہ اس نامعلوم ایڈیٹر کا جس نے اپنی نظر ثانی سے اسے بہت زیادہ بہتر بنادیا تھا.. لیکن انکسار، منّت پذیری، شکر گذاری، احسان مندی اور احساسِ صداقت کا توجیسے بائیں بازو کے نوجوان فنکار حلقہ میں کوئی رواج ہی نہ تھا۔ وہاں ایسا کوئی "پُرانا سِکّہ" چلتا نظر نہ آتا تھا، وہاں ایسے احساسات "مضحکہ خیز" سمجھے جاتے تھے ... ایک اندازِ گستاخانہ اور شانِ مغروری سے گردن اونچی کئے اکڑ اکڑ کر چلنا ان کے نزدیک، شائستگی تھی۔ وہ اسی کو موزوں ترین اور مناسب طرزِ عمل سمجھتے تھے ... اور اگرچہ میرے لیئے یہ "انداز" انتہائی بیزارکن تھا پھر بھی میں اس کا دُم چھلّا بنا رہا، صرف اس ڈر سے کہ کہیں پیچھے نہ چھوٹ جاؤں۔

اس ترجمہ اور "ہمعصر" کے معاملہ میں، سچ پوچھیئے تو بابوروف کو بالکل کچھ پتہ نہ تھا کہ اصل واقعہ کیا ہے اور اس موقعہ پر وہ خود نہیں جانتا تھا کہ کیا کر رہا ہے۔ اسے بس یہ خیال ہوا کہ یہ تو بڑی شرمناک بات ہے۔ ایک تو کتابت کی غلطیاں دوسرے مترجم کے طرز و اسلوب میں "بیجا" کانٹ چھانٹ اور اصلاح .... بھلا اسے کیسے نظر انداز کیا جاسکتا تھا۔ اس قسم کی "غلط کاریوں" کی روک تھام تو بہرحال ہونی چاہیئے... وہ میرے سر ہوگیا کہ مجھے بالضرور گورکی سے اس کی شکایت کرنی ہوگی، جو بابوروف نے سُنا

تھا، غیر سرکاری طور پر بھی اس مجلہ سے تعلق رکھتا تھا.... میں بابوروف کا "حکم" کیسے ٹال سکتا تھا۔ چنانچہ "ہمعصر" کے اڈیٹوریل بورڈ کا تشکریہ ادا کرنے کے بجائے میں نے گورکی کو ایک انتہائی احمقانہ خط لکھا... جہالت خود رائی اور تصنع سے لبریز... جو کچھ درد اصل میرے حق میں ان کی مہربانی، پاسِ خاطر اور التفات تھا، اس پر اظہار برہمی اور شکایت کرتے ہوئے ـــ برسوں بعد مجھے معلوم ہوا کہ گورکی سے میری یہ شکایت خود گورکی کے خلاف تھی کیونکہ میرا وہ ترجمہ اسی کی سفارش پر چھاپا گیا تھا۔ اور خود میکسم گورکی نے اپنے قلم سے اس کو کانٹا چھانٹا تھا اور اصلاح کی تھی۔

میکاؤسکی سے میری پہلی ملاقات ہی گویا دو "فیوچرسٹ" جماعتوں کی ٹکر تھی۔ وہ ایک گروہ سے وابستہ تھا اور میں دوسرے سے... دونوں طرف کے منتظمین متوقع تھے کہ بہت جلد ہم میں ٹھن جائے گی لیکن مشکل یہ پیش آئی کہ پہلی ہی صحبت میں ہماری سوجھ بوجھ اور فہم کا باہمی اتحاد، اختلاف سے زیادہ نمایاں تھا۔

....

یہاں میں میکاؤسکی کے ساتھ اپنی راہ و رسم کا کوئی طویل ذکر کرنا نہیں چاہتا، ہم کبھی بھی ایک دوسرے کے قریبی دوست' بہر حال نہیں رہے اور اس ضمن میں خود میکاؤسکی کا جو بیان ہے وہ شاعرانہ مبالغہ ہے اور میری شاعری پر اس کے اظہار خیال کو بھی بہت کچھ توڑ مروڑ کر پیش کیا گیا ہے۔

اس کو LIEUTEN SCHIMIDT اور NINTEEN FIVE بالکل پسند

پسند نہ تھیں۔اس کا خیال تھا کہ بہت بہتر ہوتا کہ میں انھیں نہ لکھتا' البتہ میرے دو مجموعے MY SISTER LIFE اور ABOVE THE BARIERS اسے بے حد پسند تھے... بہر حال یہاں اپنے ان اختلاف واتفاق کی تاریخ لکھنا میرا مقصود نہیں۔میں ممکنہ حد تک صرف یہ کوشش کروں گا کہ میکاؤسکی کے ایک عام تاثر اور اس کی اہمیت کو اُجاگر کروں اور اس میں لازماً کچھ داخلی رنگ ہوگا۔

....

اس "اندرونی اذیت" کا ہم کوئی اندازہ نہیں کر سکتے جو خودکشی کا پیش خیمہ ہوتی ہے جو آہنی شکنجوں میں کسے جاتے ہیں جنھیں جسمانی اذیت پہنچائی جاتی ہے' بے شک وہ بار بار احساس و شعور کھوتے ہیں' بے ہوشی کی فراموشیوں میں غوطے لگاتے ہیں۔جسمانی تکلیف کی ناقابلِ برداشت شدت "مسلسل انجام" کے قریب تر ہونے کا احساس دلاتی رہتی ہے۔پھر بھی جس کی زندگی یوں "جلاد" کے رحم وکرم پہ ہوتی ہے' وہ درد و تکلیف سے بیہوشی کے عالم میں' بہرحال نیست و نابود نہیں بنتا...... وہ اپنے "انجام" پر خود موجود ہوتا ہے۔اس کا ماضی اس کے ساتھ ہوتا ہے' اس کی یادیں اس کی اپنی ہوتی ہیں اور اگر وہ چاہے تو انھیں استعمال کر سکتا ہے۔وہ موت سے پہلے اس کی کچھ معاون بن سکتی ہیں... لیکن وہ شخص جو خودکشی کا فیصلہ کر لیتا ہے وہ گویا خود اسی لمحہ اپنا "وجود" ختم کر دیتا ہے' وہ اپنے ماضی سے مُنہ موڑ لیتا ہے گویا اس نے اپنے مکمل دیوالیہ ہونے کا اعلان کر دیا ہو' اس کی ساری "یادیں" اس کے لیئے غیر حقیقی بن جاتی ہیں۔وہ اب اس کی نہ کوئی مدد کر سکتی

ہیں نہ اُسے بچا سکتی ہیں، اس کی داخلی زندگی کا تسلسل ٹوٹ چکا ہوتا ہے۔ وہ اپنی یادوں کے حلقہ سے باہر نکل آتا ہے، اس کی شخصیت اپنے نقطۂ اختتام تک پہنچ چکی ہوتی ہے اور جو چیز بالآخر اس سے خود کو ہلاک کرواتی ہے وہ اس کا عزم، اس کے ارادہ کی پختگی نہیں ہوتی بلکہ اس "کرب" کی ناقابلِ برداشت کیفیت ہوتی ہے جو کسی کی بھی نہیں ہوتی۔ ایسی "اذیت" جس کا کوئی اٹھانے والا نہیں ہوتا۔ . . . وہ "انتظار" جو کوئی معنی نہیں رکھتا ایک مستقل خلاء . . . . اس لیئے کہ اس کی زندگی ٹھہر چکی ہے اور اب وہ اُسے پُر نہیں کرسکتا۔

مجھے ایسا لگتا ہے وہ میکاؤسکی کا غرور تھا جس نے اس سے خودکشی کروائی، اس نے خود گولی کا نشانہ بنایا اس لیئے کہ اس نے خود اپنے میں یا اپنے سے قریب کسی چیز کو قابلِ ملامت سمجھا، یا جس کے آگے اس کی "انا" سر بہ سجود نہ بن سکی۔

اور "YESENIN" نے جو اپنے کو پھانسی دی تو بغیر یہ سوچے سمجھے کہ اس کے اس فعل کے نتائج کیا ہوں گے؟ اور اس "لمحۂ آخر" بھی اس کے دل کی گہرائیاں جیسے یہ کہہ رہی تھیں، کون جانے شاید یہ بھی "لمحۂ آخر" نہ ہو ابھی تو فیصلہ دور ہے۔

اور وہ MARINATSVETAYENA مارینا سوتیانا، جس نے روزمرہ زندگی کی حقیقت اور اپنے درمیان ہمیشہ فن اور شعر کو "سہارا" بنائے رکھا تھا جب اس نے فن کے اس "تعیش" کو اپنی مقدرت سے باہر پایا، جب اس نے محسوس کیا کہ اپنے لڑکے کی خاطر اسے کچھ عرصہ کے لیئے شاعری سے اپنے انہماک کو ترک کرنا ہی پڑے گا اور اپنے گردوپیش پر سنجیدگی سے نظر

ڈالنی ہوگی تو اس کی نظروں نے جو ابتری، جو افراتفری دیکھی، اس کے درمیان اب "فن" کا کوئی حجاب حائل نہ ہو سکا... حیران و ششدر، ساکت و جامد پائے بند خوف و دہشت، جب اُسے کچھ نہ سُوجھا کہ کدھر جائے، کہاں بھاگے، کس میں "پناہ" لے تو وہ آغوشِ مرگ میں جا چھپی، پھانسی کے پھندے میں یوں گردن ڈال کر جیسے وہ اپنے تکیہ میں منہ چھپا رہی ہو۔

اور اسی طرح میں سمجھتا ہوں پاؤلو یاشولی (PAOLO YASHVILI) کو ۱۹۳۷ء کے "شگولیوف اصولوں" نے ایسا بھونچکا، حیران و سحر زدہ سا بنا دیا جیسے سچ مچ کسی نے اس پر جادو کر دیا ہو کہ رات جب وہ اپنی لڑکی کی چوکسی کر رہا تھا جو سو رہی تھی تو اس کے دل میں یہ خیال گزرا کہ اب قابل نہیں کہ اس پہ نظر رکھے اور صبح ہی وہ اپنے دوست کے گھر پہنچا اور اس کی دو نالی بندوق کے چھرّوں سے اپنا سر چھید ڈالا۔

اور فدا یئف؟ مجھے ایسا لگتا ہے، اپنی مخصوص عذر خواہ مسکراہٹ کے ساتھ جو سیاست کے تمام پُر فریب عیارانہ اتار چڑھاؤ میں بھی کسی نہ کسی طرح اس کے ساتھ رہی، پستول کی لبلبی دبانے سے پہلے اپنے سے کہہ رہا ہو "شکر ہے سب کچھ ختم ہو گیا، خدا حافظ ساشا۔"

بہر حال یہ یقینی ہے کہ وہ سب ایک عجیب ناقابلِ بیان اذیت میں مبتلا رہے اور اس حد تک، کہ وہ "اذیت" وہ "روحانی کرب" دماغی بیماری بن گیا اور جیسے ہم ان کی ذہانت اور روشن یاد کو خراج عقیدت پیش کرتے ہیں ویسے ہی ہمیں چاہیئے کہ ان کی "اذیت" کے آگے بھی دردمندانہ سرخم کریں۔

....

خیر تو وہ ۱۹۱۴ء کی بات ہے، جب ایک روز ارباط (ARBAT) کے چار خانہ میں ہمارے دو ادبی 'فرقوں' کا تصادم ہونے والا تھا۔ ہماری طرف سے بابروف اور میں نمائندہ تھے اور دوسری طرف سے ٹریٹیاکوف اور شیرشینوچ (SHERSHENEVICH) جو اپنے ساتھ میکاؤسکی کو بھی لے آئے تھے۔

میکاؤسکی کی صورت مجھے جانی پہچانی سی لگی جیسے میں پہلے کہیں اُسے دیکھ چکا تھا۔ آخر پتہ چلا کہ ہم ایک ہی اسکول میں تھے۔ وہ مجھ سے دو سال جونیئر تھا۔ اس کے علاوہ موسیقی کی کئی محفلوں میں بھی میں نے اُسے دیکھا تھا۔

اس واقعہ سے چند ہی روز قبل ایک شخص نے جو بعد میں میکاؤسکی کے "اندھے معتقدین" میں شامل ہوگیا۔ مجھے اس کے کچھ تازہ چھپے ہوئے شعر دکھائے تھے، اور اس وقت یہ مستقبل کا چیلا اپنے "خدا" کو اتنا کم سمجھتا تھا کہ وہ ان شعروں کا بُری طرح مذاق اڑا رہا تھا اور علانیہ ایسے غصہ ہو رہا تھا جیسے وہ کوئی انتہائی ذلیل حماقت کا نمونہ ہوں، لیکن مجھے وہ شعر اس وقت بھی بہت اچھے لگے تھے۔ میں نے ان میں ایک عجیب کشش محسوس کی تھی۔ وہ پوری نظم اس کے ابتدائی تجربوں کا بہت روشن نمونہ تھی اور بعد میں اس کے مجموعے AS SIMPLE AS MOVING میں بھی شامل رہی۔

اور اب کافی ہاؤس میں جو میں نے اسے دیکھا تو ایسا محسوس ہوا کہ اس نظم کا "خالق" بھی میرے لیئے اتنی ہی شدید کشش رکھتا ہے جتنی اس نظم میں تھی۔ میرے سامنے ایک حسین وجمیل، کچھ کھویا کھویا سا اداس نوجوان بیٹھا تھا.... مضبوط، طاقتور ہاتھ، اسقفِ اعظم کی طرح گہری گمبھیر آواز اور ایک لازوال اور بے نہایت ذہانت و ظرافت.... الگزنڈر گرین (GRIN) کے داستانی

سورماؤں' اور ایک ہسپانوی پہلوان کے بین بین کوئی چیز۔ ۔ ۔ ۔ وہ سچ مچ بید خوبصورت تھا اور بلا کا ذہین' مافوق انسانی حد تک ذہین اور نہایت ہی ظریف بھی لیکن دیکھنے والا پہلی نظر میں ہی فوراً محسوس کر لیتا کہ یہ اس کی اہم ترین خصوصیات نہیں تھیں۔ اس کی سب سے بڑی امتیازی صفت در اصل اس کا اپنے اوپر "آہنی قابو" تھا۔ پاسِ عزت اور احساسِ فرض گویا اس کے کردار و شخصیت کی استقامت کا ضامن تھا جس نے اس کی ذہانت اور ظرافت کو بھی کبھی کم نہیں ہونے دیا اور اسے کبھی اس سے مختلف نہیں بنایا جیسا کہ وہ تھا۔ ۔ ۔ ۔ حسین اور ذہین۔

اس کا دلیر و پُر عزم لہجہ' اس کا بادباد بالوں کو اپنی پانچوں انگلیوں سے منتشر کرنے کا بے چین انداز' مجھے بے اختیار دوستووسکی کی ناول کے کسی نوجوان دہشت پسند سازشی کی یاد دلا رہا تھا۔ ۔ ۔ ۔ دوستووسکی کا کوئی عام دیہاتی کردار!

صوبوں کا بڑے شہروں سے پیچھے رہ جانا ہمیشہ ہی ان کے لیئے غیر مفید نہیں ہوتا کبھی ایسا بھی ہوتا ہے کہ جب بڑے شہر زوال آمادہ ہوتے ہیں' یہ دور دست علاقے اپنے "راست باز" ماضی کی یادگاروں کے ضامن بن کر بستی، و زوال سے بچے رہتے ہیں۔ چنانچہ میکاؤسکی ٹرانسکاکیشیا (TRANSCAUCASIA) کے دور افتادہ جنگلوں' ٹانگو (TANGO) رقص اور منجمد برف کی مملکت سے (جہاں وہ پیدا ہوا تھا) یہ ایقان لے کر آیا تھا کہ روس میں "روشن خیالی" صرف انقلابی ہو سکتی تھی۔

اپنی ایک طرح کی عجیب اکھڑی اکھڑی سی ذہنی اور جسمانی لاابالیانہ قسم

کی خوشنما بدسلیقگی سے اس نے اپنی فطری خوبیوں میں ایک فنکارانہ بے ترتیبی اور انتشار شامل کر کے اپنی شخصیت کو اور جاذب نظر بنا دیا تھا۔ ایسا لگتا جیسے وہ کسی سیلانی مزاج باغی کا پارٹ ادا کر رہا ہو اور اس میں شک نہیں، یہ پارٹ اس نے بڑی خوش مذاقی سے ادا کیا۔

اس کا ذوق اتنا "آزمودہ" اور پختہ تھا کہ وہ اپنی عمر سے کہیں زیادہ "بزرگ" لگتا تھا، وہ اس وقت خود، بہت ہوگا ۲۲، ۲۳ سال کا ہوگا۔ مگر اس کا "ذوق" اس کا ذہن یقیناً ایک صدی سے زیادہ کی عظمت کا حامل تھا۔

....

مجھے میکاؤسکی کی ابتدائی غنائیہ شاعری بہت پسند تھی۔ تصنع اور حماقت کے معاصر پس منظر کے مقابل اس کی بھرپور اداس اداس سی متانت، کچھ دھمکی، کچھ گِلہ مندی کا سا انداز، اپنی ایک نمایاں شان رکھتا تھا... وہ ایک ماہر فنکار کے ہاتھوں کی بنائی سنواری ہوئی شاعری تھی... کچھ غرور اور اور "شیطانی" اور ساتھ ہی یکسر "فنا در آغوش" بھی ـــــ تقریباً ایک فریاد! ایک مبہم انداز "خدارا!"

وقت، معاف کرنا، گو تم اندھے ہو۔

اور وہ مقدس شکلیں، جن میں تم رنگ بھرتے ہو، بھدّی تصویریں ہیں

بدشکل "زمانہ" کے کالبد خاکی میں میری شبیہہ اتارو

میں اس طرح اکیلا ہوں جیسے ایک تنہا آنکھ

ایک کانے انسان کی، المعیاری کی طرف بڑھتی ہوئی

وقت نے بڑی سعادت مندی کے ساتھ وہی کیا جو اس نے چاہا تھا... اس

کی "شبیہہ" زمانہ کے کالبد خاکی میں شامل ہو چکی ہے... لیکن اس پیش بینی کے لیئے کتنی غیر معمولی فراست چاہیئے تھی۔

یہ اور چند شعر سنئے:

یہ تم جانو کیوں؟
خندہ و استہزا کے طوفانوں کے زیچ، پُرسکون و باوقار
جان ہتھیلی پر لیئے
مستقبل کی بھوک مٹانے
کہو کہ ہر جسم ساکت و صامت ہو جائے۔
تمام انسان خوفزدہ اور لرزاں
کوئی زمینی خیال تشکیل نہ پائے
شاہِ شاہان اپنی زندگی نچھاور کرنے آتا ہے
اور اپنے وفاداروں کی غذائے روح بننے

اس میں عشائے ربّانی سے جو مماثلت ہے اس کو نظر انداز کرنا ممکن نہیں۔

کلاسیکل ادیبوں کے برخلاف جو دعاؤں اور مناجاتوں کے معنی کو زیادہ اہمیت دیتے تھے جیسے پشکن، جس نے اپنی DESERT FATHERS میں سینٹ EPHRAIM کے مفہوم کو دہرایا اور الکزی ٹالسٹائی جس نے JOHN — FAMASCENCE کی دعا ہائے مغفرت کی منظوم تفسیر کی... بلاک میکاو کی اور یاسینین (YESENIN) نے گرجا میں گائی جانے والی مناجاتوں اور دعاؤں کی اصل عبارت کی نقل کی اور انھیں چالو بول چال کے اٹکل پچو الفاظ اور گھر اور بازار کے روزمرہ حقیقی اجزاء کے پہلو بہ پہلو استعمال کیا۔

قدیم فن کے اُن "مخزنواں" نے ہی میکاؤسکی کی نظموں کو ایک مضحک ساخت کا حامل بنایا۔ اس کی شاعری مضمر و نمایاں الہیاتی تصورات کے تمثیلی استدلال سے پُر ہے ... یہ خام مواد جس غیر معمولی وسعت کا طالب تھا اس کے لیئے دو مضبوط ہاتھوں کی ضرورت تھی اور اس نے شاعر کی جسارت اور دلیری کی تربیت کی۔
اچھا ہوا کہ نہ میکاؤسکی نے اِس سے مُنہ موڑا جو کچھ کہ اس نے بچپن میں جانا اور جو اس کے حافظہ میں محفوظ تھا نہ پاسٹرناک نے ... اچھا ہوا کہ انھوں نے اس مانوس زمین کی آبیاری کی، اس کے حُسن کو نکھارا اور اسے زمین میں دفن رکھنے کے بجائے استعمال کیا۔

....

میکاؤسکی سے زیادہ قریب ہونے، اسے زیادہ جاننے پر مجھے اس کی اور اپنی تکنیک میں ایک طرح کچھ غیر متوقع مماثلت کا احساس ضرور ہوا۔ مثلاً ہماری تمثیلیں اور ہمارا قافیوں کا استعمال بڑی حد تک ایک قدر مشترک کا حامل تھا.... اس کے اشعار کی حرکت اور روانی میں جو حُسن تھا اور سادگی وہ مجھے بہت پسند تھی اور اپنے لیئے بھی میں اس سے بہتر اور کسی چیز کا طالب نہ ہو سکتا تھا مگر میں نہ اس کی نقالی کا خواہشمند تھا نہ اسے دُہرانا چاہتا تھا بلکہ میں نے تو شعوری طور پر ان رجحانات کو دبایا جو اس کی آواز بازگشت معلوم ہو سکتے تھے۔ مثلاً میں اگر اس کے ہیرونک لہجہ اور "اثانتہ" کو اپنانے کی کوشش کرتا تو ظاہر ہے یہ میرے لئے ایک بناوٹی چیز ہوتی اور میں کہہ سکتا ہوں کہ اس شعور نے مجھے اپنے "طرز" پر قابو رکھنے اور اس کی انفرادیت کو نکھارنے میں مدد دی۔
ایک شاعر کی حیثیت سے میکاوسکی تنہا نہیں تھا، اس کی آواز صدا بہ صحرا

بھی نہیں تھی، اس کے ہمسر بھی تھے اور "حریف" بھی۔

انقلاب سے پہلے IGORSEVERYANIN اسٹیج پر اس کا سب سے بڑا حریف تھا اور اس کے بعد عوامی انقلاب کے "اکھاڑے" میں سرجی یا سینن اس کا سب سے بڑا "حریف" بنا۔

اول الذکر سنگیت سبھاؤں کا "راجہ" تھا اور تھیٹریکل اصطلاح میں اس کے نام پہ ہال کا کھچا کھچ بھر جانا لازمی تھا۔ وہ فرنچ اوپرا کے کچھ سُروں کے ساتھ اپنی نظمیں ترنم سے پڑھتا تھا مگر ایک خاص وقار کے ساتھ۔ وہ اس بات کا بہت خیال رکھتا تھا کہ اس میں اوچھا پن نہ پیدا ہو اور وہ کانوں کو ناگوار نہ گذریں۔ اس کے فطری "چھینیوپن" اس کی روزمرہ کی لفظی بدعتوں اور اس کی کم "ذوقی" نے اس کی قابلِ رشک رواں بے لاگ شاعرانہ بندش سے آمیز ہوکر ایک عجیب نرالے اور انوکھے طرز کی تخلیق کی تھی۔

اور سرجی یاسینن؟ میرا خیال ہے، کولٹسوف (KOLTSOV) کے بعد سے روس نے کسی ایسی فطری، ذاتی اور موزوں "ذہانت کل" کو جنم نہیں دیا تھا انتہائی سبک اور لطیف! ہر تصنع سے دور، ہر اس شعوری کاوش سے آزاد جو اجتماعیت کے حامیوں کا "سنگِ راہ" تھی.... وہ ہمارے لئے روس کا ایک بہت ہی گراں قدر شاہانہ تحفہ تھا.... ایک ودیعت بے کراں! وہ اس ارفع روایت کا ایک زندہ جزو تھا جسے ہم پشکن کے بعد "موزارٹین روایت" کہہ سکتے ہیں۔

زندگی کے ساتھ یاسینن کا برتاؤ بالکل ایک پریوں کی کہانی جیسا تھا۔ شہزادہ ایوان کی طرح اپنے بھورے بھیڑیئے پر سوار، اس نے سمندروں پہ سے جست لگائی اور اپنے "آتشیں پرند" اسا ڈورا ڈنکن کو جالیا... اسی طرح

شاعری میں بھی اس نے "جادوئی نسخے" استعمال کئے ۔ کبھی تو وہ الفاظ سے یوں کھیلتا نظر آتا ہے جیسے کوئی "پیشن" (تاش کا ایک کھیل جو اکیلا ایک آدمی بھی کھیلتا ہے) کھیل رہا ہو ۔ اور کبھی انھیں اپنے خونِ دل سے سینچتا ۔ ۔ ۔ ۔ اس کی شاعری میں اس کے اپنے وطن کی دیہاتی فضا کا تصور سب سے زیادہ حسین و خوب ہے ۔ (RYAZAN) ریازان کے قریب وسطی روس کے صحرائی علاقہ کو اس کی قوتِ تخیل نے بڑی بے پناہ تازگی کے ساتھ اپنے شعروں میں سمویا ہے ۔ بالکل ایسے ہی جیسے بچپن میں وہ اس کے ذہن پر پرتو افگن ہوا تھا ۔

میکاوسکی کی ذہانت یاسنین کے مقابلہ میں زیادہ تند اور کسی قدر بوجھل تھی لیکن غالباً اس میں گہرائی اور گیرائی اس سے زیادہ تھی ۔ وہ یاسنین کی طرح شاعر فطرت نہیں تھا بلکہ ایک اونچی اور ارفع جدید شہری زندگی کی بھول بھلیوں کا شاعر تھا جس میں ہمارے زمانہ کی تنہا روح ۔ ۔ ۔ ۔ جس کی پُر شوق جذباتی، ڈرامائی اور غیر انسانی "حالتوں" کو وہ بیان کرتا ہے ۔ ۔ ۔ حیران و پریشان راہ گم کردہ بھٹکتی نظر آتی ہے ۔

۔ ۔ ۔ ۔ ۔ ۔ ۔ ۔ ۔

جیسا کہ میں پہلے بھی کہہ چکا ہوں، میکاؤسکی میں اور مجھ میں کچھ مماثلت ضرور تھی مگر اس سے بہت کم جتنا کہ عام خیال ہے ۔ ۔ ۔ ایک روز جب آسیفیف کے مکان پر ہمارے درمیان کچھ بحث چھڑ گئی اور ہمارا اختلاف تلخی کی حد تک پہنچ گیا تو میکاؤسکی نے خود ہمارے درمیان جو فرق تھا اس کی اپنے مخصوص انداز لطیف میں یوں توجیہہ کی تھی ۔ اس نے کہا تھا :

"بے شک ہم مختلف ہیں، کیوں کہ تم بجلی کو آسمان پر ترجیح دیتے ہو اور

میں اسے برقی استری میں قابلِ ترجیح سمجھتا ہوں۔

اس کا تبلیغی جوش، تنظیمی جد و جہد، اپنے کو اور اپنے ساتھیوں کو عوام پر عائد کرنے کا عزم راسخ اور شاعری میں بھی ایک طرح کی "صنعتی ٹیم اسپرٹ" کے آگے اس کی سپردگی کبھی میری سمجھ میں نہ آئی نہ ہی مجھے اس کے اخبار "LEF" اس کے ادارتی بورڈ کی تشکیل یا اس کے "نظامِ خیال" میں کوئی معنی نظر آتے تھے۔

اس رقیب "مخالف کلیسا" حلقہ کا واحد ایماندار اور مستقل مزاج رکن، میرا خیال ہے، صرف TRETYAKOV تھا جس نے کم از کم اپنے گرد و پیش سے کچھ منطقی نتائج نکالے.... پلیٹو کی طرح اس کا ایقان تھا کہ ایک نوجوان سوشلسٹ اسٹیٹ میں آرٹ کا کوئی مقام نہیں....کم از کم اس کی پہلی منزل پر۔

اور وہ ادعائی آرٹ جو "LEF" کے صفحوں پر نمو پا رہا تھا، بلاشبہ انتہائی میکانیکل اور غیر تخلیقی تھا اور مصلحتِ وقت کی خاطر ادارتی اصلاحوں سے خراب و تباہ، وہ ہرگز اس قابل نہ تھا کہ اس پر اتنی محنت اور توجہ صرف کی جاتی، اسے آسانی سے نظر انداز کیا جا سکتا تھا۔... میکا وسکی کی آخری دور کی شاعری میں سوائے اس کی ایک آخری لازوال تخلیق "FULL - VOICE" کے مجھے کوئی خاص بات نظر نہیں آتی۔ اس دور کی اس کی بھونڈی ہم وزن و ہم قافیہ کہاوتوں، ملفوظات، فرسودہ گھسے پٹے مضامین، ان کی پھیکی بے لطف گنجلک اور بناوٹی تفسیروں میں، کم از کم میں کوئی خوبی اور لطافت محسوس نہیں کرتا... ان میں مجھے کہیں کوئی میکا وسکی نظر نہیں آتا مگر حیرت! وہ یہی "غیر موجود" میکا وسکی ہے جسے انقلابی سمجھا گیا۔

بہر حال لوگ غلط طور پر ہم کو ایک دوسرے کا گہرا دوست سمجھتے

سمجھتے رہے، چنانچہ مثال کے طور پر جب یاسینین (YASENINE) عینیت سے سخت بیزار ہو رہا تھا اور میکاؤسکی سے صلح کا خواہشمند تھا تو اس نے مجھ ہی کو ثالث بنایا (کیونکہ وہ بھی مجھے میکاؤسکی کا قریبی دوست سمجھتا تھا) اور مجھ ہی سے خواہش کی کہ میں کسی طرح اسے ایک بار میکاؤسکی سے ملا دوں۔

اگرچہ میکاؤسکی کو میں ہمیشہ "تم" سے مخاطب کرتا تھا اور یاسینین کو "تو" سے، پھر بھی یاسینین سے میں اتنا نہ ملتا تھا جتنا میکاؤسکی سے۔ یاسینین کے ساتھ اپنی ملاقاتوں کو میں انگلیوں پر گن سکتا ہوں اور ہماری اِن ملاقاتوں کا انجام ہمیشہ عجیب سنکی قسم کا ہوتا۔۔۔ کبھی تو ہم قسمیں کھا کھا کر ایک دوسرے سے پیمانِ وفا باندھتے اور رو رو کر آنسوؤں کے دریا بہا دیتے اور کبھی آپس میں اس بُری طرح جھگڑ پڑتے کہ لوگوں کو بیچ بچاؤ کرنا پڑتا۔

....

میکاؤسکی کے آخری ایامِ حیات میں 'جب کہنا چاہیئے۔ شاعری کا کوئی وجود ہی باقی نہ رہا تھا، نہ اس کی نہ اور کسی کی' جبکہ یاسینین خودکشی کر چکا تھا، جب سچ پوچھیئے تو "لکھنا" بالکل ہی ختم ہو رہا تھا (کیونکہ" اور ڈان بہتا رہا" کے آغاز تک بھی ابھی کچھ شاعری باقی تھی چنانچہ پلِنیاک بَبِیل، فیدان وغیرہ کی ابتدائی تحریروں میں ہم اس کی کچھ جھلک دیکھ سکتے ہیں) مگر اس کے بعد تو جیسے سب کچھ ختم تھا۔۔۔ تو اس وقت صرف ایک آسفیف (ASEYEV) ہی میکاؤسکی کا بڑا سہارا اور اس کا قریب ترین ذہنی دوست رہ گیا

تھا... میرا اور اس کا ربط بالکل ٹوٹ چکا تھا، ہماری راہیں بالکل جدا ہو چکی تھیں، اور ہماری آخری علیحدگی کا سبب یہ ہوا کہ گو میں "LEF" کے ادبی معاونین اور اس حلقہ کی رکنیت سے باقاعدہ استعفیٰ دے چکا تھا پھر بھی میرا نام اس کے "ہمدردوں" کی فہرست میں چھپتا رہا۔ اس پر میں نے میکاوسکی کو جو خط لکھا اس کا لہجہ یقیناً بہت تلخ تھا...... ہوسکتا ہے وہی اس کی برہمی اور خفگی کا باعث بنا ہو۔

بہت پہلے جب میں بھی اس کی باطنی طاقت، اس کے جوش و جذبہ اور اس میں مضمر ایک فنکار کے بے پایاں امکانات کے سحر میں گرفتار تھا اور جب اس کے پاس بھی میری دوستی کے جواب میں ویسی ہی گرمی تھی۔ میں نے اپنی کتاب MY SISTER LIFE حسب ذیل انتساب کے ساتھ اسے ہدیہ بھیجی تھی:

تم ہمارے "بجٹ" کے لیئے فکرمند ہو
عوامی اقتصادیات کی سوپریم کونسل کا المیہ
تم، جس نے ایک "جہاز نما بھوت" کی طرح
تمام آسمان شاعری کو گھیر لیا، اپنے نغموں سے:
میں جانتا ہوں، تم مخلص ہو۔
لیکن وہ کیا چیز ہے، جس نے اس راستہ پر
تمہاری راہِ خلوص میں، تم کو
اس کہنہ "عوامیت" کے گنبدوں تلے پہنچا دیا ہے
یا "مقبروں" میں بند کر رکھا ہے؟

FLYING DOTCHMAN "جہاز" ملاحوں کے عقیدہ میں ایک بھوت ہے جو بڑے جہاز کی شکل میں نظر آتا ہے

اس دور سے متعلق کسی نے دو مقولے" تراشے تھے ۔ایک تو یہ کہ زندگی بہتر تھی ماضی سے بہت زیادہ پُرسرور" اور دوسرا یہ کہ "میکاوسکی اُس دور کا سب سے ذہین اور قابل شاعر تھا، اس دوسرے حکم' کے لئے میں نے بطور خاص خود اس کے "مصنّف" کو شکریہ کا خط لکھا، اس لئے کہ اس کی وجہ سے میں مغرور بننے سے محفوظ رہا (یہ اس زمانہ کی بات ہے جبکہ ۲۰ویں صدی کے تیسرے دہے کے وسط میں ادیبوں کی کانفرنس ہو رہی تھی)

میں اپنی زندگی سے مطمئن ہوں اور وہ مجھے عزیز ہے، وہ جیسی کچھ بھی ہے بغیر کسی زائد" سنہری پتی" کے یا ظاہری آب و تاب کے' میں اُسے پسند کرتا ہوں ... شاید ہی کوئی چیز میرے ذہن سے اتنا بعد رکھتی ہو جتنی ایک ایسی زندگی جس میں کوئی" خلوت" یا گمنامی" نہ ہو اور جس کی ہر وقت کانچ کی الماریوں میں نمائش ہوتی رہے۔

میکاوسکی کا ہر جگہ اس طرح جبریہ تعارف کرایا جانے لگا جس طرح کیتھرائن اعظم کے زمانہ میں آلوؤں کو جبراً لوگوں کے سر تھوپا گیا تھا۔ یہ اس کی دوسری موت تھی جس میں اس کا اپنا کوئی دخل نہ تھا۔

. . . .

پانچواں باب

تین پرچھائیاں

جولائی ۱۹۱۷ء کی بات ہے کہ بریوسوف (BRYUSOV) کے مشورہ پر خود اہرنبرگ نے مجھ سے ملنے کی کوشش کی۔ یوں مجھے اس عقلمند ادیب سے واقفیت کا موقع ملا جو اپنی ساخت اور مزاج میں مجھ سے بالکل مختلف تھا... وہ ایک بہت یار باش علمی انسان تھا۔

وہ مہاجر روسیوں کے پھر اپنے وطن لوٹنے کا آغاز تھا... کچھ پرانے نظام حکومت کے نکالے ہوئے، کچھ وہ جو جنگ چھڑنے کے وقت باہر تھے اور وہیں نظر بند ہو گئے تھے۔ سب پھر اپنے وطن لوٹ رہے تھے۔ آندرے بیلی اور الیا اہرنبرگ بھی انہی مہاجرین میں سے تھے۔

پہلی بار الیا اہرنبرگ نے ہی مجھ سے TSVETAYEVA کا ذکر کیا۔ وہ اس کا بے حد مداح تھا اور اسی نے مجھے اس کی کچھ نظمیں بھی پڑھنے کو دیں۔

انقلاب کے آغاز پر ایک مرتبہ کسی جلسہ میں میں نے اسے اپنے شعر پڑھتے سنا تھا... اور ایک بار جاڑوں کے موسم میں، انقلاب کے بالکل ہی بعد (جب جنگ اشتمالیت زوروں پر تھی) میں کسی کام کے سلسلہ میں اس سے ملنے بھی

گیا تھا مگر اس وقت ہمارے درمیان بس کچھ یوں ہی رسمی گفتگو رہی تھی میں نے کچھ اِدھر اُدھر کی فضول باتیں کیں اور اس نے بھی کچھ ایسے ہی جواب دیئے.. اور اس وقت کی شاعری کو سمجھنا میرے لیئے ممکن بھی نہ تھا اس لیئے کہ اس زمانہ میں لفظی گورکھ دھندوں اور تمام مانوس چیزوں کو توڑ مروڑ کر مسخ صورت میں پیش کرنے کی جو ہر طرف ایک ہوا چل رہی تھی اس نے جیسے میری سماعت کو بھی بگاڑ دیا تھا۔ سیدھے سادے فطری انداز میں کہی ہوئی کوئی بات جیسے خود بخود پرے سے چھلانگ لگا جاتی تھی، میں بھول گیا تھا کہ الفاظ اُن سارے کھنکتے بجتے زیوروں کے بغیر بھی جو ہم انھیں پہناتے ہیں... اپنا ایک مفہوم اور معنی رکھ سکتے ہیں۔

TSVETAYENA کے الفاظ کی سادگی، اس کی نظموں کا سادہ حسن و آہنگ اور بے لاگ خوبیاں ہی جیسے اس وقت میرے جذبۂ تحسین کے لیئے ایک رکاوٹ بن گیئں اور میری نظریں ان کی لطافت کو دیکھنے سے قاصر رہیں اور ایک چیز یہ بھی تو تھی کہ اس وقت میں ان میں کسی امتیازی خصوصیت کا متلاشی بھی نہ تھا۔ میں تو صرف شعر کی ضمنی چرچراہٹ کا خواہاں تھا۔

ایک عرصہ تک مَیں TSVETAYENA کی صحیح قدر و منزلت نہ جان سکا اور اسے بہت کم درجہ سمجھتا رہا۔ جیسے مختلف طور پر، اس "موڑ" پر اور بھی بہتوں کو میں نے غلط سمجھا تھا، مثلاً BAGRITSKY (باگرٹسکی) KHLEBNIKOV (خلیبنیکوف) MANDELSTAMM (مینڈلسٹام) GUMILYOV (گومیلوف) وغیرہ کوئی بھی میری نظر میں نہ جچتے تھے۔

اس وقت تقریباً ہم سب ابھی اتنے "زبان بند" تھے کہ صرف علی الرغم

خویش ہی "جدت پسند" ہو سکتے تھے اور اپنی "مہمل گوئی" کو ایک وصف قرار دے سکتے تھے وہ آسیفیف اور TSVETAYEVA تھے جنھوں نے نسانی مخلوق کی طرح بات کی اور اپنی تحریروں میں ایک کلاسیکل طرز اور زبان کو استعمال کیا۔ لیکن ایک دن آیا کہ یہ دونوں ہی اپنی مخصوص "ہنر کاری" کو کھو بیٹھے.. آسیفیف کو KHLEBNIKOV کی مثال نے ورغلایا اور TSVETAYEVA تو خود اپنی ہی ایک داخلی قلب ماہیت کا شکار بن گئی . . . مگر میں اس وقت تک ان کی اس پہلی "روایتی اور گمراہ" ذہنیت کے سحر لطیف کا شکار ہو چکا تھا۔

TSVETAYEVA کو سمجھنے کے لیئے اس کے دل کی اتھاہ گہرائیوں تک اترنا ضروری تھا اور جب میں نے وہاں تک راہ پائی، اس کے دل تک پہنچا تو اس کے بے پایاں خلوص اور اس کی بے لاگ سچائی کی طاقت پر حیران و ششدر رہ گیا اس کی نظیر کہیں اور ملنی مشکل تھی ۔

میں پوری ایمانداری کے ساتھ کہہ سکتا ہوں کہ بلاک ANENSRY (اننسکی) اور کسی حد تک بیلی کو چھوڑ کر TSVETAYEVA کا ابتدائی طرز و اسلوب بیان ایسا تھا جس کا تمام "ایمائیت پسند" ہمیشہ خواب دیکھتے رہے تھے مگر کبھی اسے پا نہ سکے تھے اور ابھی تک اپنی مُردہ دقیانوسی "شکلوں" اور بے جان خیالوں کے لسانی سمندر میں بے بسی سے ہاتھ پاؤں مار رہے تھے کہ TSVETAYEVA کی قوت پرواز نے تخلیق کی ساری حقیقی دقتوں، اس کے سارے مسائل کو جیسے بغیر کسی سعی و کوشش کے ایک بے مثال ٹیکنیکل مہارت کے ساتھ عبور کر لیا۔

وہ روس چھوڑ چکی تھی، جب ۱۹۲۲ء کے موسم بہار میں ماسکو کے ایک

کتاب گھر میں اس کی نظموں کا ایک مجموعہ VERSTY میری نظر سے گذرا اور اس کی شعری ساخت کی بے پایاں غنائی قوت جیسے دفعتاً مجھ پہ چھا گئی۔ وہ ایک ایسی "ساخت" تھی جس نے ذاتی احساس و تجربہ سے زندگی کی حرارت پائی تھی، کہیں کوئی ٹکڑا، کوئی "تنگ نفسی" نہیں نہ کسی قسم کی خستگی یا تھکان بلکہ اول سے آخر تک بھرپور روانی، ہر شعر ایک دوسرے سے پیوستہ، ہر لفظ اپنی جگہ بیٹھا ہوا جیسے انگوٹھی میں نگینہ، ہر بند ایک غیر شکستہ آہنگ کے دسیع زمانوں میں پیوست ان ساری انفرادی صفات سے ہٹ کر اس میں جو ایک کچھ اور چیز بھی تھی، اس سے میں نے ایک طرح کی قرابت محسوس کی... وہ ایک اپنا تجربہ... غالباً کچھ انہی اثرات اور کچھ وہی عام عناصر کا، جو ایک کردار کی تشکیل میں حصہ لیتے ہیں... جیسے میری زندگی میں میرے گھریلو ماحول اور موسیقی کا دخل تھا... 'نقاط انحراف' ذوق اور تمناؤں کی یک رنگی اور مماثلت!

TSVTAYEVA پراگ میں تھی، میں نے اس وقت اس کو ایک پُرشوق خط لکھا۔ اپنی اس کوتاہی اور کم فہمی پہ اظہار حیرت و استعجاب کرتے ہوئے کہ اب تک کیوں میں اسے سمجھنے اور اس کو سراہنے سے قاصر رہا تھا اور اتنی دیر میں اسے پایا... اس نے بھی میرے خط کا اسی پرشوق انداز سے جواب دیا اور پھر تو ہماری خط و کتابت کا سلسلہ سا بندھ گیا۔

اسی دوران میں جب اس کی "CRAFT" چھپی تو ہماری خط و کتابت اور بڑھ گئی ہم ایک دوسرے سے اور قریب ہو گئے... پھر اسی زمانہ میں ماسکو میں بھی اس کی کئی نظمیں شائع ہوئیں جو سب ہی ایک دسیع معنی کی حامل، واضح اور شاہانہ حد تک نئی تھیں۔

پھر ۱۹۳۵ء کے موسم گرما میں جبکہ تقریباً بارہ مہینوں کی مسلسل بےخوابی سے میرا دماغ مختل ہو رہا تھا، میں ایک شدید "دماغی بیماری" کے ساحل پر کھڑا تھا، کہ میں نے اپنے کو پیرس کی ایک مخالف فاشسٹ کانگریس میں موجود پایا ... وہاں میں نے TSVTAYEVA کی لڑکی اور لڑکے کو بھی دیکھا اور اس کے شوہر سے بھی ملا۔ جو ایک بڑی مسحور کن، دلکش اور استوار شخصیت کا مالک تھا۔ ہم بہت جلد ایک دوسرے سے مانوس ہو گئے، میں اُسے بالکل اپنے بھائی کی طرح چاہنے لگا۔

TSVTAYEVA کے گھر والے اُسے رُوس لوٹنے پر مجبور کر رہے تھے، کچھ تو اس لیئے کہ خود انھیں وطن کی یاد ستا رہی تھی، کچھ اس لئے کہ وہ کمیونزم اور سوویت یونین کے ہمدرد تھے اور کچھ اس لیئے بھی کہ ان کا خیال تھا پیرس میں TSVTAYEVA کی زندگی رائیگاں جا رہی تھی اور وہ اپنے قارئین سے دور تنہائی اور اکیلے پن کی شکستگی میں گھُلی جا رہی تھی، اس کی حیات مُرجھا رہی تھی۔

اس نے مجھ سے مشورہ کیا۔ میں کوئی قطعی رائے نہ دے سکا اور یہ بہت مشکل بھی تھا۔ مجھے یہ ڈر تھا کہ وطن میں کہیں ان غیر معمولی شخصیتوں کو ضرورت سے زیادہ دقتوں اور مشکلوں کا سامنا نہ کرنا پڑے .... لیکن اس پورے خاندان پر جو بجلی گرنے والی تھی، وہ میرے اندیشوں سے بھی سوا نکلی۔

....

اگر میں TSVTAYEVA سے اپنی دوستی کی پوری داستان، اس کے تمام مدارج کا ذکر کروں، ان ساری دلچسپیوں اور اُمیدوں کو جنھوں نے

ہمیں باہم ملا دیا، بیان کروں تو اپنی معینہ حدود سے بہت آگے نکل جاؤں گا۔ اس کے لیے تو بجائے خود ایک علٰحدہ کتاب چاہیئے۔ ہم باہم، ہمیشہ ہی غیر متوقع طور پر اپنے زاویۂ نگاہ کو نئی وسعت و پہنائی بخشنے والے کچھ اتنے تجربوں، تبدیلیوں، مسرتوں اور غموں سے دوچار رہے کہ ان کی تفصیل کے لیئے ایک دفتر بھی کافی نہیں ہو سکتا۔ اس لیئے یہاں اپنی شخصی اور نجی باتوں کو الگ رکھتے ہوئے میں مختصراً صرف اِتنا ہی کہوں گا جتنا ضروری ہے۔

TSVETAYEVA ایک نہایت پُر جوش عملی، باعزم اور غیر متزلزل رُوح کی مالک تھی، اپنی زندگی اور فن دونوں میں وہ تصریح (DIFINATION) اور قطعیت (FINALITY) کی صرف مشتاق اور آرزو مند ہی نہیں تھی بلکہ کہنا چاہیئے ان کی حریص تھی اور اس کے حصول میں بلاشبہ وہ سب پر سبقت لے گئی۔

وہ بڑی انتھک لکھنے والی تھی چند مشہور عام چیزوں کے علاوہ اس کی اور بھی بہت سی تخلیقات ہیں جن سے روس واقف نہیں۔ کتنی ہی طوفانی نظمیں اور گیت! کچھ روسی لوک گیتوں کے طرز پر اور کچھ عام تاریخی، اساطیری اور داستانی موضوعات پر۔

ان کی اشاعت ہماری قومی شاعری کے لیئے ایک "انکشاف" بن سکتی ہے۔ جس کی خارج المیعاد "ودیعتیں" ایک ہی لمحہ میں اسے نہال کردیں گی مجھے یقین ہے TSVETAYENA جس قدر و منزلت اور اعترافِ حقیقت کی مستحق و منتظر ہے وہ بہت عظیم ہوگا۔

ہم بہت اچھے دوست تھے، میرے پاس اس کے تقریباً کوئی سو سے زیادہ خط موجود تھے۔ زندگی میں میں نے جو کچھ کھویا، جتنی کچھ قیمتی اور اہم

چیزیں بھی جو میں نے گم کیں وہ سب اس نقصان کے آگے ہیچ ہیں۔ میں کبھی یہ تصور بھی نہ کر سکتا تھا کہ ان انمول خطوط کا یہ ایہ عزیز ترین سرمایہ حیات یوں گم ہو جائے گا۔ میں ہمیشہ غیر معمولی حد تک ان کی حفاظت کا خیال رکھتا تھا اور شاید اس غیر معمولی احتیاط اور حفاظت کے ہی ہاتھوں میں نے انھیں کھو دیا

جنگ کے دوران جب کبھی میں اپنے گھر والوں سے ملنے دیہات جاتا (جہاں وہ شہر کا تخلیہ کرنے کے بعد مقیم تھے) تو اپنا یہ سرمایہ "سیریابن" میوزیم کی ایک کارکن کے حوالہ کر جاتا جو میری بڑی دوست اور TSVETAYENA کے مداحوں میں سے تھی۔ اس نے خود از راہِ مہربانی ان کی حفاظت کا پیشکش کیا تھا۔ TSVETAYEVA کے خطوط کے ساتھ چند خط گورکی اور رومین رولاں کے اور کچھ میرے والدین کے بھی تھے۔ میری دوست نے انھیں تو میوزیم کی تجوری میں رکھ دیا لیکن TSVETAYENA کے خطوں کے لیئے وہ میوزیم کی "آتش پروف" تجوری پر بھی بھروسہ نہ کر سکی۔ وہ انھیں ہمیشہ اپنے ساتھ ہی رکھتی اور کبھی نظروں سے اوجھل نہ ہونے دیتی۔

وہ شہر کے نواح میں قریب ہی رہتی تھی اور ہر روز کام پہ آتے جاتے چمڑے کا ایک چھوٹا بیگ اس کے ہاتھ میں ہوتا جس میں وہ سارے خط محفوظ تھے۔ ۔ ۔ ۔ جاڑوں کی ایک شام وہ بے حد تھکی ماندی گھر لوٹ رہی تھی گاڑی سے اتر کر گھر جاتے ہوئے آدھے راستہ میں اسے دفعتاً یاد آیا کہ خطوں کا بیگ اس دن وہ مضافاتی ٹرین کی کوچ پر ہی بھول آئی تھی۔ ۔ ۔ ۔ ۔ یوں میں نے اپنی زندگی کے اس "عزیز ترین سرمایہ" کو بھی کھو دیا۔

. . . .

SAFE CONDUCT کی پہلی اشاعت کے بعد سے کتنی ہی بار میں نے سوچا کہ اگر دوبارہ اس کی اشاعت عمل میں آئے تو کاکیشیا اور جارجیا کے دو شاعروں کے بارے میں ضرور میں اس میں ایک باب کا اضافہ کروں گا۔۔۔۔ مگر وقت گذرتا رہا اور یہ "خلا" یوں ہی باقی رہا۔ اس لیئے یہاں میں ان دونوں کے بارے میں مختصراً کچھ لکھنا چاہتا ہوں:

غالباً سنہ ۱۹۳۰ء کا موسم سرما تھا جب شاعر پاؤلو یاشویلی (PAOLO YASHVILI) اپنی بیوی کے ساتھ مجھ سے ملنے ماسکو آیا تھا۔ وہ ایک بہت ہی ذہین، شائستہ اور نہایت پُر مذاق گفتگو کرنے والا حسین یورپین تھا۔۔

اس کے کچھ عرصہ بعد ہی ماسکو میں کچھ ایسے تکلیف دہ "انقلابات" "تبدیلیوں" اُلٹ پُلٹ اور ہنگاموں نے سر اُٹھایا کہ میرا اور میرے کچھ دوستوں کا گھرانہ دونوں ہی بُری طرح اس کی لپیٹ میں آگئے کہ میرے اور میری ساتھی کے لیئے جو بعد میں میری دوسری بیوی بنی کہیں سر چھپانے کی بھی جگہ نہ رہی۔۔۔۔ اس وقت یاشویلی نے ہی طفلس کے اپنے گھر میں ہم کو پناہ دی۔

میں اس وقت تک کاکیشیا کے بارے میں کچھ نہیں جانتا تھا جارجیا والوں سے اور ان کی زندگی سے مجھے کوئی آگاہی نہ تھی۔ اب یہ میرے لیئے ایک مکمل "انکشاف" تھا۔ یہاں کی ہر چیز میرے لیئے غیر مانوس تھی اور انتہائی تعجب خیز!

طفلس کی ہر گلی کے سرے پر چھائے ہوئے سربلند و سرفراز سیاہ پہاڑ گھروں سے باہر کھلی فضا میں زندگی بسر کرنے والے غریب! شمال میں رہنے والوں کے مقابلہ میں زیادہ بے تکلف، صاف گو، زیادہ قومی، زیادہ جری اور بے باک اور بہت کم حجاب اور پردے! تصوف اور مسیحیت کے رموز و علامات

سے بھرپور عام روایتیں، ہر کسی کو اپنے تخیل میں جینے کا شوق دلاتی اور ہر ایک کو شاعر بناتی، جیسے کیتھلک پولینڈ میں.... سماج کے رہنما گروہ کی بلند تہذیبی سطح! ایک سرگرم و پُرشوق ذہنی زندگی جو اس وقت تک شاید ہی کہیں اور باقی رہی ہو.... یہاں کے جو بہتر اضلاع تھے وہ پیٹرسبرگ کی یاد دلاتے تھے۔ ان کی نچلی منزلوں کے دریچوں کی چنگ و بربط کی طرح جھکی جھکی سلاخیں اور پھولوں کی ٹوکریاں..... دلکش "پچھواڑے"... ہر ہر قدم پہ، ہر موڑ پہ مستقلاً دف اور طنبوروں کی دھمک، نقاروں کی چوٹ، بینا کی مدھر تانیں اور دوسرے مختلف سازوں کی انوکھی صدائیں۔ شام کا ظہور! اَن گنت جھلملاتے تارے! پیسٹری کی دکانوں، چائے خانوں اور باغ دراغ سے اٹھتی خوشبوؤں سے معمور فضا ــــ!

یاشویلی مابعد ایمائی دور کا ایک غیر معمولی ممتاز شاعر تھا۔ اس کی شاعری احساسات کی بے کم و کاست واضح اور روشن بنیادوں پر قائم تھی۔ اس میں بیلی ہیمسن اور پراؤسٹ کی جدید یورپین نثر سے بہت مماثلت ہے۔ اس میں نہ زبردستی کی ٹھونس ٹھاس ہے۔ نہ بناوٹ کی گھبراہٹ اور سراسیمگی! اس کے برخلاف وہ بڑی پُرفضا، ہوادار رواں دواں اور ہلکی پھلکی ہے۔

....

پہلی عالمگیر جنگ کے آغاز پہ یاشویلی پیرس میں تھا جہاں وہ سا بون (SORBONNE) میں تعلیم پا رہا تھا۔ جنگ کی خبر پا کر وہ ایک چکردار راستے سے اپنے وطن لوٹ رہا تھا کہ راستہ میں ناروے کے ایک چھوٹے اسٹیشن پر اس کی ٹرین چھوٹ گئی، وہ سخت پریشان کھڑا تھا۔ اس وقت اتفاق سے

ایک نوجوان اور اس کی بیوی جو دونوں نارد ے کے رہنے والے تھے: ٹپہ لینے برف گاڑی میں آئے تھے۔ انھوں نے اس "آتش مزاج" جنوبی کی نازک صورت حال کو دیکھا۔ انھیں اس پر بڑا ترس آیا۔ کسی نہ کسی طرح وہ اس سے مخاطب ہوئے اور اسے اپنے ساتھ گھر لے گئے اور دوسری ٹرین تک جو دوسرے دن سے پہلے نہیں مل سکتی تھی ممکنہ حد تک اس کی خاطر مدارات کی اور اپنے پاس ٹھیرایا اور یہ یاشیویلی کی زندگی کا کوئی تنہا اتفاق نہیں تھا۔

یاشیویلی کے ساتھ یہ عجیب بات تھی کہ ہمیشہ ہی اس کو کسی نہ کسی قسم کے "اتفاقات" سے سابقہ پڑتا رہتا جیسے اتفاقی واقعات و حادثات اد بدا کر خود اس کی تلاش میں رہتے ہوں اور ان کی نوعیت اچھی خاصی ایک مختصر کہانی جیسی ہوتی جس کو اس کا حسنِ بیان اور چمکا دیتا۔ یاشیویلی کو کہانی کہنے کا خاص ملکہ تھا۔ وہ پیدائشی داستان گو تھا' معمولی سے معمولی واقعہ کو ایسے دلچسپ انداز میں بیان کرتا کہ سننے والا سحر زدہ رہ جاتا۔

اس کے بشرہ سے ہر وقت عجیب غیر معمولی ذہانت ٹپکتی رہتی اور آنکھیں ہمیشہ ایک اندرونی آگ سے چمکتی نظر آتیں ... جذبہ کی گرمی نے اس کے ہونٹوں کو جیسے جھلسا دیا تھا اور چہرہ تجربہ کی حدت سے سونلایا ہوا تھا شاید اسی لیے وہ اپنی عمر سے بہت زیادہ بڑا دکھائی دیتا تھا .... ہر وقت ایسا تھکا ماندہ نڈھال' جیسے زمانہ نے اس کی دھجیاں اڑا دی ہوں۔

جس دن ہم طفلس پہنچے اس نے اپنے حلقے کے تمام دوستوں کو جمع کیا مجھے یاد نہیں وہ سب کون کون تھے؟ البتہ اتنا خیال ضرور ہے کہ غالباً انہی میں اس کا پڑوسی نکولائے نادرادزے (NADIRADZE) بھی تھا جو ایک بڑا اچھا

حقیقی غزل گو شاعر تھا اور TITSIAN TABIDZE اس کی بیوی سے بھی میں اسی محفل میں ملا۔

....

مجھے وہ جگہ اب تک یاد ہے جیسے وہ آج ہی کی بات ہو اور میرے لیے اس کو بھولنا ممکن بھی نہیں۔ اس لیے کہ اس علم سے پہلے ہی کہ کیسے کیسے خوف اور دہشتیں اس کے نصیب میں تھیں۔ میں نے بڑی احتیاط سے کہ کہیں اس کا "تصور" منتشر نہ ہو جائے، اس پہلی شام کو ہی اُسے اپنی رُوح کی گہرائیوں میں اُتار لیا تھا اور ان تمام ہولناکیوں کے ساتھ جو بعد میں اس کے اور اس کے آس پاس واقع ہونے والی تھیں۔

میں ان دو "شخصیتوں" سے کیوں ملا؟ میں اپنے اس "ربط" کو کس طرح بیان کر سکتا ہوں؟ وہ میری نجی زندگی کا جزو لاینفک بن چکے ہیں۔ میں کبھی ان کے درمیان انتخاب کو دخل نہ دے سکا۔ وہ ایسے لازم و ملزوم تھے اور ایسی سرتاپا ایک دوسرے کی تکمیل کہ میں کبھی ایک کو دوسرے پر ترجیح نہ دے سکا۔

ان دونوں کا اور TSVEYAVA کا نصیب میرا سب سے بڑا غم بننے والا تھا۔

....

اگر یاشیویلی کی شخصیت میں 'برون بینی' کی جھلک تھی تو TABIDZE اپنے آپ میں گم "درون بینی" کی طرف مائل تھا اور اس کا ہر شعر اس کی ہر بات وجدان اور پیش بینی سے مالا مال گویا رُوح کی اتھاہ گہرائیوں کی جانب ایک مستقل دعوت تھی۔

وہ ایک "کچھ اور" کا احساس اس کی شاعری کی سب سے حیرت خیز صفت تھی وہ اس میں مضمر ایک بے تکان غنائی "دولت فاضل" یہ احساس کہ جو اُن کہا تھا جو کچھ اسے ابھی کہنا باقی تھا، وہ اس سب پہ بھاری تھا جو وہ کہہ چکا۔ ۔ ۔ ۔ روح کے انہی ابھی تک اچھوتے رشتوں کا ادراک اس کی شاعری کا پس منظر تھا جس نے اس کے فن کو مزید گہرائی بخشی اور وہ مخصوص مزاج عطا کیا جو اس کی بقا کا ضامن بنا اور وہی اس کا سب سے بڑا بے پناہ جادو اور حسن ہے اس کی شاعری میں بھی اتنی ہی جان ہے جتنی خود اس میں تھی ۔ ایک دیرآشنا چھپی چھپی پیچیدہ روح، یکسر نیکی کی گرویدہ اور بصیرت و جان سپاری کی صلاحیت سے معمور!

یاشیویلی کے خیال کے ساتھ ہی ایک شہری فضا، آراستہ کمروں، بحثوں اور عام جلسوں کا خیال آتا ہے اور رات میں ہجوم کے بیچ یاشیویلی کا فصاحت و بلاغت سے دمکتا چہرہ نظروں کے سامنے پھر جاتا ہے۔

اور TABIDZE کی یاد ایک دلکش دیہاتی فضا میں پہنچا دیتی ہے اور اس کو پڑھتے ہوئے میرے تخیل میں کتنے ہی مرغزار، وسیع خطۂ گل اور سمندر کی اٹھتی بڑھتی موجیں سما جاتی ہیں۔

فضا میں تیرتے بادلوں کی ایک قطار اور اُن سے پرے دُور اسی سطح تک بلند سرمئی رنگ پہاڑیاں اور اس پس منظر میں، شاعر کی گٹھیلی نرم و گداز شکل مسکراتی ہوئی، میرے یاد کے پردوں پر اُبھرتی ہے ۔ ۔ ۔ ۔ اس کے قدم لڑکھڑا رہے ہیں اور جب وہ ہنستا ہے تو پورا جسم کانپ اُٹھتا ہے۔ وہ اُٹھتا ہے، میز کے ایک جانب پہنچ کر پلٹتا ہے اور اپنا چاقو ایک گلاس پر مارتا ہے۔

سب کو خاموش کرنے کے لیئے ۔ ۔ ۔ شاید وہ ابھی کچھ کہنے والا ہے' ایک کاندھا دوسرے کاندھے سے اوپر چڑھائے ہوئے وہ عجیب بے ڈھنگا سا دکھائی دیتا ہے ۔

(کاذوراسے میں) یاشیویلی کا مکان ایک پہاڑی ڈھلان پر واقع تھا اور پہاڑ کا چکر کاٹتی سڑک کچھ دور تک تو اس کے سامنے سے گزرتی اور پھر ایک موڑ لے کر پیچھے دریچوں کے قریب سے ہوتی ہوئی اوپر کی طرف چڑھتی چلی گئی تھی ۔ اس طرح جو کوئی اس سڑک پر سے گذرتا اسے گویا اس مکان کے اندر سے دو مرتبہ دیکھا جا سکتا تھا ۔

یہ تب کی بات ہے جب بقول بیلی کے "مادیت" کی فتح نے تمام "مادی اشیاء" کو ختم کر دیا تھا نہ کھانے کے لیئے کچھ تھا نہ پہننے کے لیئے ۔ ۔ ۔ سوائے نظریات کے کسی چیز کا وجود باقی نہ رہا تھا ۔ پھر بھی ہم زندہ رہ سکے تو اس لیئے کہ ہمارے قفقازی دوستوں کی معجز نمائیاں ہمارے حق میں آب حیات ثابت ہوئیں ہم کو ان کا شکر گذار ہونا چاہیئے ۔ ۔ ۔ انھوں نے ہماری "اشد ضرورتوں" کو پورا کیا اور ہماری غیر موجود "املاک" پر پبلشروں سے قرضے اکٹھا کیئے ۔

زندگی کی وہ آوارگی! وہ پریشان انداز ــــ کبھی سب یکجا' ایک اخبار سب کے لیئے ۔ ۔ ۔ ۔ رات کا کھانا بھی ایک ساتھ' مطالعہ میں بھی ایک دوسرے کے شریک کچھ پڑھتے' ایک دوسرے کو سناتے ۔ ۔ ۔ ۔ دستِ صبا کی نرم و خنک انگلیاں چاندی جیسے چمکتے "پیپل" کے پتوں کو گدگداتی ہیں' وہ ہنس رہے ہیں ۔ ۔ ۔ ہوا خواب آور جنوبی خوشبوؤں سے بھی اتنی ہی پُر ہے جتنی افواہوں سے اور اوپر بلندیوں پر' رات آہستہ آہستہ اپنی تاروں بھری فرسودہ دیگن گھسیٹے

جاری ہے جیسے کوئی بیل گاڑی اپنی دھری پر گھوم رہی ہو... اور لوگ موٹر کاریں ٹرک، اور گاڑیاں سڑک پر سے گذرتی جاتی ہیں... ایک لامتناہی سلسلہ ... اور ہر شخص، ہر چیز مکان کے اندر سے دوبار دکھائی دیتی ہے — ایک بار سامنے دوسری بار پیچھے۔

اور کبھی جارجیا کی بڑی سڑک پر یا BORZHOM (بورزدم) میں یا اباستومان (ABASTOMAN) میں یا پھر سینکڑوں "مسافرتوں" نظاروں اور مہموں سے گذرتے کتنے ہی جامِ الم پیتے ہوئے باکو ربانی میں لیواندز کے مکان پر (میں اپنی زخم خوردہ نیلی آنکھ پر پٹی باندھے) لیواندز، جو تمام شاعروں میں سب سے زیادہ آزاد شاعر تھا، اپنی زبان کے اسرار سے قریب ترین اور اس لیئے سب سے کم قابلِ ترجمہ۔

کبھی رات جنگل میں ایک پکنک، لیواندز کی بیوی بہت حسین ہے اور اس کی دونوں چھوٹی لڑکیاں بھی بلا کی خوبصورت!... اور دوسرے دن ایک جہانیاں جہاں گرد شاعر اپنی "بین" لیئے آتا ہے اور ہر مہمان کے خیرمقدم میں فی البدیہہ ایک گیت سناتا ہے — سب میز کے گرد جمع ہیں اور ہر "بہانہ" پر ایک جامِ صحت حتیٰ کہ میری زخم خوردہ آنکھ بھی "جامِ صحت" کا بہانہ بن جاتی ہے۔

اور پھر کبھی کابولیتی (KABULETY) میں سمندر کے کنارے ایک پڑاؤ... بارش اور طوفان، اور وہیں ہمارے ساتھ مقیم نوجوان سائمن چکووانی (SIMON CHIKOVANI) مستقبل کے ایک روشن محاکاتی طرز کا ماہر ایک ساتھ چہل قدمی کرتے ہوئے... اور ہمیشہ اپنے قریب اور پہاڑوں کی

سرمئی قطار اور اُفق سے پرے اس شاعر کی گٹھیلی نرم و گداز شکل مسکراتا چہرہ!
اور اس کے غیر معمولی جوہروں کے روشن نشان اور اس کے گرد لپٹی ہوئی
اداس نصیب کی پرچھائیاں میری یاد کے پردوں پر اپنا سایہ ڈالتی ہیں۔
مجھے اجازت دو کہ ایک مرتبہ پھر اس سے رخصت ہوتے ہوئے
اپنی تمام دوسری یادوں سے بھی رخصت ہو جاؤں۔ خدا حافظ

ڈاکٹر رضیہ اکبر

ڈاکٹر رضیہ اکبر کا تعلق اردو کے نامور شاعر اور مجاہد آزادی مولانا حسرت موہانی کے خاندان سے ہے۔ آپ کے والد سید اکبر حسن اور سید فضل الحسن حسرت موہانی سگے چچا زاد بھائی تھے۔

ڈاکٹر رضیہ کی جنم بھومی حیدرآباد (دکن) ہے۔ ابتدائی تعلیم گھر پر ہوئی اسکول کی تعلیم میٹرک سے شروع کی۔ انٹرمیڈیٹ میں سائنس کے مضامین لیے لیکن بی۔ اے میں ادبیات کا انتخاب کیا۔ ایم۔اے فارسی سے کیا اور تقریباً ۳۲، سال سے جامعہ عثمانیہ کے شعبہ فارسی میں کارگزار ہیں اور فارسی زبان و ادب کی خدمت کر رہی ہیں۔

دورانِ ملازمت حکومت ایران کے اسکالرشپ پر تہران گئیں اور تہران یونیورسٹی سے اعزاز کے ساتھ ڈاکٹریٹ کی سند حاصل کی۔

۱۹۷۱ء میں "انٹرنیشنل کانگریس آف ایرانین اسٹڈیز" میں حکومت ایران کی دعوت پر شرکت کی۔

ڈاکٹر رضیہ اردو فارسی انگریزی کے علاوہ ہندی اور فرانسیسی زبان میں بھی دستگاہ رکھتی ہیں۔ فارسی اور اردو میں آپ کی متعدد علمی ادبی اور تحقیقی تخلیقات شائع ہو چکی ہیں جن کا مختصر احوال درج ذیل ہے:

مطبوعہ کتابیں

(۱) نظامی گنجوی : تحقیقی مطالعہ (اردو میں) شائع شدہ ۱۹۶۰ء حکومت آندھرا پردیش نے اس کتاب پر ۱۹۶۰ء کی بہترین کتاب کا ایوارڈ دیا۔

(۲) تاثراتِ سفرِ ایران : (اردو میں) مطبوعہ ۱۹۷۰ء

(۳) احوال و سبک اشعار بابا فغانی شیرازی' (فارسی میں) تحقیقی مقالہ مطبوعہ ۱۹۷۴ء

مطبوعہ مقالے

(۱) "تصور تاریخ فردوسی" (فارسی میں) مطبوعہ انڈو ایرانیکا کلکتہ۔

(۲) "تصور تاریخ فردوسی" ـــ (فارسی میں) مطبوعہ : انڈو ایرانیکا، کلکتہ۔

(۳) 'پیام مشرق' ایک تنقیدی مطالعہ (اردو میں) مطبوعہ "صبا" حیدرآباد دکن۔

(۴) 'حافظ میری نظر میں' (اردو میں) مطبوعہ 'نگار' لکھنو۔ ۱۹۵۰ء

(۵) حسرت موہانی (اردو میں) مطبوعہ 'صبا' حیدرآباد۔ ۱۹۶۱ء

(۶) اردو کہانی پہ بیرونی اثر (اردو میں) مطبوعہ 'نگار' لکھنو۔

(۷) "مکتوباتِ فارسی" تنقیدی مطالعہ۔ 'صبا' حیدرآباد۔ ۱۹۵۷ء

(۸) شبلی کی شعر فہمی 'صبا' حیدرآباد ۱۹۵۹ء

(۹) نادر نادر پور (اردو میں) مطبوعہ "شعر و حکمت" حیدرآباد ۱۹۷۲ء

(۱۰) صدرالدین عینی اور "پریم چند" (ہندی میں) مطبوعہ "کلپنا" حیدرآباد ۱۹۶۵ء

(۱۱) "شاہنامہ ـــ ایران قدیم کی تاریخ و تہذیب کا سرچشمہ" (انگریزی میں) مطبوعہ : اسلامک کلچر' حیدرآباد

(۱۲) سیر زبان و ادبیات فارسی در قلمرو قطب شاہی (فارسی میں) ۱۹۷۱ء کی ـــ بین الاقوامی ایران شناسوں کی کانگریس منعقدہ شیراز (ایران) میں

پڑھا گیا۔ مطبوعہ اِنڈو ایرانیکا، کلکتہ۔

(۱۳) فردوسی (ایک ادبی فیچر) مطبوعہ 'صبا' حیدرآباد۔

(۱۴) نسخہ ہائے خطی فارسی جامعہ عثمانیہ (فارسی میں)۔

ان کے علاوہ بھی اردو میں متعدد آرٹیکلس، تبصرے وغیرہ شائع ہوتے رہے ہیں۔ فارسی کتابوں پر کئی تبصرے (انگریزی میں) اسلامک کلچر حیدرآباد دکن میں شائع ہوئے ہیں۔

غیر مطبوعہ کتابیں

(۱) رومی کی غزل کا تنقیدی مطالعہ (اردو میں)

(۲) صہبائے شیراز — سعدی، حافظ اور عرفی شیرازی کا تنقیدی مطالعہ۔

(۳) ایران کی تہذیبی تاریخ (اردو)

(۴) سیر زبان و ادبیات فارسی در دورۂ قطب شاہی (فارسی)۔

ترجمے: MONTESQUIEU'S LETTER PERSANS کا ترجمہ براہِ راست فرانسیسی سے اردو میں "مکتوباتِ فارسی" کے نام سے۔

(۲) ایس کارپنٹر کی نظمیں (انگریزی سے اُردو میں)

(۳) "پریم چند گھر میں" (ہندی سے اردو میں) (مطبوعہ)

(۴) "ابدیت ایران" فارسی سے اردو میں۔

(۵) "یادداشت ہائے صدرالدین عینی (بخارا) فارسی سے اردو میں۔